在／世界的枝头／短暂停留

北京出版集团
北京十月文艺出版社

李银河————著

新经典文化股份有限公司
www.readinglife.com
出　品

目录

Contents

前 言

退休后，我搬到海边长住，安享一种半隐居的生活。每天，我习惯按照三段论的模式过日子：上午写作，下午读书，晚上看电影。写作是指写随笔和写小说。

我喜欢过规律的生活，记得小时候听过康德的故事，他每天从早到晚写作，中午准时出门去散步，由于他每天都在固定的时间出门，在固定的时间走过街道的某处，城里的家庭主妇们于是用他路过的时间来校正钟表。我的生活虽然还没有规律到如此刻板精确的程度，但是总体上喜欢他这个调调儿：好静不好动，好独居不好热闹。我每晚十点准时睡觉，早上五点起床。躺在床上看看微信中值得一看的信息，在早饭前写下三段短章。

现在，这些短章已积累了不少，我选取了一部分，把它们按不同的内容分门别类辑录，分别关于出世、入世、情感、写作和杂感，就是眼前这本闲言碎语集了。

在我看来，诗意的栖居必定是刻意为之，先有追求这一境界的欲望，再有刻意追求的行动。所谓行动，亦包括想象。把自己想象为一只自由飞翔的鸟，在世界的枝头短暂地停留。这也是本书名字的由来。

鸟
瞰

意义

从宏观角度看，人生无意义，在万千星球中，在万千生命体中，人无奈地生生息息，来来去去，能有何意义？从微观角度看，人可以为自己的人生赋予某种意义，它可以是一个仅仅利己的人生，可以是一个仅仅利他的人生，也可以是一个既利己又利他的人生；它可以是一个快乐的人生，一个痛苦的人生，也可以是一个既快乐又痛苦的人生。

汹涌

生命虽然从宏观看没有意义，但是从微观看却汹涌着各种各样的意义。其中最有意义的不是荣华富贵，不是声名显赫，而是爱。在爱面前，其他的一切不得不黯然失色。

微观角度

从微观角度看，人所做的一切都对他自身、对周边的人有意义。有的事情意义大些，有的事情意义小些。应当多做意义大些的事情。

日历

每当撕下一张日历，心里都会微微痛一下，生命中又少了一天。暗暗思忖：我这天过得好吗？撕日历是人所有动作中最具象征意义的动作。旧的一日过去了，新的一日开始了。仿佛听到了生命远去的足音。

人生

人生就是一个又一个清晨，太阳照样从海面升起，但是每天的景致都略有不同，有时彩霞满天，绚烂无比；有时乌云厚重，阴沉抑郁。

充沛

尽管人生是空虚的，还是可以用激烈的爱与美使它变得充沛。空虚感越强烈，对充沛的需求也就越强烈。

迎春花

迎春花开的时候，使人想到生命的顽强和秩序的永存。无论世间有多少死亡、寒冷，那黄色的小花还是会按时盛开，令人为之欣慰，为之狂喜。

冥想

人生中须有冥想的时刻。如果从不冥想，只顾忙忙碌碌地过日子，就是一个活得懵懵懂懂的人，一个活得浑浑噩噩的人。

谢世

当周边的熟人一个个进入谢世的节奏，心中的紧迫感增强。希望将有生之年过得更加有质量，更加有声有色。

火热与冰凉

人心是火热的，世界是冰凉的；存在是火热的，宇宙是冰凉的；活着是火热的，时间是冰凉的。

空无

佛教的道理千头万绪，一言以蔽之：空无。如果悟到了万事皆空的道理，就是参透了，就是开悟了。从这个意义上讲，存在主义讲的是同一个道理。存在主义是一种哲学，其实有了这一种哲学观念就足够了，就是参透了，就是开悟了。

蚁穴

人世就像一个巨大蚁穴，生命就像其中的一只蚂蚁。如果能够找到一个有生存保障的安静角落，就在那里静静地生存，等待死亡。

痛心疾首

世上最最令人痛心疾首的事情是时光的流逝，一分一秒，一天一年，逝者如斯，不舍昼夜。

哲学

在所有实用的学术之外，唯有哲学才是精神生活的精粹。一个真正意义上存在过的灵魂，不可能不涉及哲学。

花开花落

人的一生就像花开花落，绚烂一时，转瞬即逝。一切听其自然，不去做自己做不到的事，不压抑内心的自然冲动，就把自己的人生按照花开花落的节奏去安排去接受好了。

精华

人在短暂的生命中应当有所取舍，去粗取精，去伪存真，只撷取那一点点精华：人，思想，真知灼见。

星空

如果一个人从来不会真正地仰望星空，他活得就像个小动物。而这样的人不在少数。

近视与远视

耽于近视，可以保持心情的平静；偶尔远视，可以保持灵魂的澄澈。前者使人只见树木不见森林，安心于日常的生活；后者见到森林不见树木，超脱于日常的生活。

出离

在周边的忙乱和喧闹当中，常生出离之心。即使身在汹涌人潮当中，我心依然出离。

如飞

短暂的生命如飞逝去，像奔流的溪水，像劲吹的狂风。想让它停一停，想让它至少放慢速度，岂可得乎？

肉身

人的肉身只是在蠕动，只有精神可以飞翔。

尘世

人在尘世停留三万余日，随即绝尘而去。多少惆怅，多少纠结，随即散去，杳无踪影。

新生

每天早上醒来都有新生之感，像初生婴儿，兴致勃勃，对世界充满好奇和欣喜的感觉，准备迎接一系列的惊喜。

永生

科学家说，以后由于科技的发展，人能够永生。这可真是个好消息。如果实现了，人的人生观必定会改变：从必死到不死，人生观怎么能不改变呢？那时人会不会厌倦生命呢？人要想不厌倦该怎么做呢？

鸟瞰

人应当有冥想的时刻。只是想宇宙，想人生，从宏观的角度，而不是微观的角度。冥想是对存在的鸟瞰。

沉静

沉静来自内心的自信和力量，来自在宏观和微观两个角度对存在的参透。

过眼烟云

世间的一切都是过眼烟云，无论是成功还是失败，无论是快乐还是痛苦，无论是荡气回肠的爱，还是基度山伯爵式的恨。

黑暗

有时喜欢在夜晚把灯关掉，电脑屏幕成为唯一的光源。此时，宇宙万籁俱寂，只有一个头脑成为唯一的声音，唯一的光亮。感觉很惬意。

虚度

时间流逝。一分一秒都是自己的生命。把生命耗费在自己喜欢的事和人身上，否则是虚度，是白白浪费生命。

雾中航行

人生就像在雾中航行，有卫星定位的人属于活得比较清醒的，知道目的地在哪里的，而很多人根本就没有卫星定位系统，只是盲目地在雾中航行，没有目标，也不知自己身在何处。

匆匆

常常能够感觉到生命匆匆的脚步，一天一天，一步一步，震耳欲聋的脚步声，清晰可见的终点。

一生死

一生死的练习可以每天做一次，把醒来当成生，把睡去当成死。每天早上醒来，想一想自己的存在，把自己当作新生儿；每天晚上睡去，假定就是死去了，死去不过就是如此吧。相信这样练习的话，到死亡来临时会觉得很自然，一点也不惊恐。

刻意

要时时体验存在感，把它变为一种刻意而为的事。因为如果不刻意，生命就会在无知无觉中流逝。

节奏

生命的节奏从宏观角度追求慢，从微观角度追求快。在以年为单位的整个人生的节奏上，应当追求一种舒缓的从容不迫的生活；但是在以日为单位的具体生活中，应当追求紧张高效的利用和产出。

逼近

一同事溘然离世，令人不胜唏嘘，感觉死亡逼近，随时可能发生。如果终点到来，希望并无遗憾。生命不过如此，早些晚些而已。

角落

人常有自我膨胀、自我夸张的倾向，以为自己比实有的体积更大，至少在精神层面如此。可实际上，每个人只占据宇宙的一个小小角落而已。

不虚此日

每天早上醒来，想到即将到来的一天，心中有欣喜的感觉。因为知道它不仅有肉体的舒适，还将有精神的愉悦，主要来自爱与美。每天都要做到"不虚此日"。

寂静

宇宙是寂静的，世界是寂静的，人世是寂静的，我的心也随之寂静下来。所有的喧闹和聒噪都无意义，而且最终会归于静寂。

比较

与宇宙比较，一切都小很多；与永恒比较，一切都短很多；与存在比较，一切都轻很多；与内心的宁静比较，一切都逊色很多。

生日

在 64 岁生日之际，独自在威海写作。心情平静而又沸腾。

平静的是，生活方式的惬意、充实；沸腾的是，岁月的飞速逝去及紧迫感。在生日这天，对于宇宙的空无更有痛彻感受，并会因此流泪。

节点

生日这天，存在感最强。会想象我——这一粒宇宙尘埃——在空间中飘荡的情形，这一天是一个时间节点，但须牢记，它是一个仅仅对我的存在有意义的时间节点。

空间与时间

从人生的角度看，空间没有什么意义，重要的是时间。也就是说，人在哪里生活都无所谓，所有的城市和乡村都大同小异。而时间却过一天就少了一天。

外与内

在存在这件事上，一切外部的事物都不如内在的感觉来得重要。

澄明之境

愿此生常常处于澄明之境，内心一尘不染，既不为环境所累，也不为内心所扰。把一切看清楚，把一切想清楚。仿佛登高望远，神朗气清。

周边

周边的人和事像汹涌的大浪，人就像一叶孤舟在颠簸和随波逐流，永远渴望着一方净土，让自己的生命安顿下来。

重要性

人类的重要性宏观看从来都不足道，个人的重要性比起人类就更不足道。

痛楚

常常能够感觉到生之痛楚，肉身的病痛（牙痛之类）倒在其次，主要是灵魂的痛楚。虽然偶尔也会有快乐，但是存在的基调是痛苦的，源于空无。念天地之悠悠独怆然而涕下那种痛楚。

纠结

人总是纠结于有神无神的问题之中，其实事实是如此清楚，已经到了不言自明的程度。可以把万物及其规律叫作神，也可以就用它们自己的名字称呼它们。

回归

当生命来到真正不必做事和真正无事可做的时候，人回归了生命的本源。生命的本源是什么？就是存在以及享受存在的感觉。

最高境界

生存的最高境界就是在肉身活着的时候，精神跨越生死界限，没有恐惧，没有遗憾，甚至没有留恋。

存在感

存在感有强有弱，有浓有淡，有苦有甜。有的人的感觉像一团化不开的浓汤，有的人的感觉像清汤寡水。有时，真的不知道是浓更好，还是淡些好。浓烈的感觉更加刺激，更有活力；而清淡的感觉更加平和，更加恬静。

远离

真正的存在感是远离一切世俗纷争的，是超凡脱俗的，是沉思的，是精神的。

无奈

活着是一件无奈的事。生老病死是无奈的事。存在是无奈的事。

通透与参透

要想洞察世事，有通透的见解，必须首先参透终极问题，即存在的实际状态和意义的问题。后者是更根本的。

疯狂

为什么许多智者最后会疯狂？我想他们一定是悟到了生命的无意义，而他们敏感的神经对这一痛苦无法承受。正因为其敏感度是常人的十倍，他们的痛苦也不得不是常人的十倍。

不可

人不可不对宇宙与人生做鸟瞰之飞翔。如果没有这样做过，就真的活成一介蝼蚁；如果能够偶尔这样做，就能摆脱日常的烦恼；如果能够常常这样做，就能活得超脱愉悦。

心满意足

在心满意足的时候最容易感到意义缺失，往往是因为在欲望未满足时顾不得想意义，只顾着拼命奔向心中的目标。在万事顺遂之时，才能注意到意义的缺失。

重与轻

入世沉重，出世轻松。人不入世一事无成，人不出世不能成仙。

无常

佛教讲无常，因万事无常而空无。这是深刻真理，佛教的道理中有很多真理的成分。

修行

对于敏感的人来说，坐禅并不真正需要，只要随时随地静心内省就可以超脱。

解脱

要不时想到时间和空间，这样就可以从日常工作和人际交往的焦虑中解脱出来。没有什么事是非做不可的，没有什么人是非交不可的。于是，可以只保留最喜欢做的事和最喜欢交的人。

冲动

但愿灵魂永远有冲动，有思想的冲动，写作的冲动，冒险的冲动，追逐美与爱的冲动。

深奥

怀疑世上是否有深奥的道理。所有的道理只要符合逻辑，能够自圆其说，就不会深奥难懂，必定是简单明了的。

实然与应然

从宏观上讲，人生就是一场有生之年的游戏。微观上看，人所做的一切都是游戏，包括爱情游戏。游戏人生，既是人生的实然，也是人生态度的应然。

静谧

希望遁入静谧之中。物质生活的静谧与精神生活的静谧。

圆

愿感觉是一个圆，没有缺口；愿心情是一个圆，没有裂缝；愿生命是一个圆，没有遗憾。

末日

人类是有末日的，地球是有末日的。如果没有意外发生，这个末日在 50 亿年后；如果有意外发生，那就哪天都可能。知道了这个，稍有理性的人还有参不透的可能吗？

眷恋

人生无可眷恋。在精神上早早离世，在肉身离世时就不会感到突然和难以接受。

两视角

从微观角度看人生，苦多于乐；从宏观角度看人生，可以超脱烦恼。微观角度的生存，满眼尽皆忧烦愁苦；宏观角度的生存，虽然显得空旷荒芜，但可摆脱琐碎烦恼。

心乱如麻

只要涉足人世，就会心乱如麻。要想得大自在、大清静，唯有超脱世事。

三省

古人云：一日三省吾身。除了检点言行之外，我想应当包括对生命的省思，对存在的注目。

常态和非常态

人生的常态是寂静的，无所作为的；热闹，辉煌，精彩，成就，全都是人生的非常态。

执着

既然人类会消亡，既然地球会热寂，那么所有的想法不得不为之改变。没有什么是值得执着的，没有什么是应当执着的。

无欲无求

人生到达无欲无求的境界是最佳境界，因无欲而平静，因无求而有尊严。人只要还有无法满足的欲望，就没有平静，就有可能折损自尊。

精神

人生中最值得体验的，不是物质生活，而是精神生活。吃喝拉撒，衣食住行，十分平淡；真正的欢愉在精神领域。

醇厚

年事见长，愈益偏爱醇厚的味道，主要是在精神领域，受不了寡淡的没滋没味的东西。

稳定

参透之人必定有了稳定的心情。无论大事小事都不会再打扰他的心境。他已经超脱世俗的人情世故，进入旁若无人的内心世界。

心境

愿意让自己的心境经常处于澄澈的状态，无论近观人与事，还是远观宇宙和存在，都用洞察的宁静的目光。

无遗憾

如果现在死去有无遗憾？我已经能够做到没有什么遗憾了。应当以这样的平静心情度过后半生的每一天。

感受

美好的东西靠人用身体和心灵去感受。如果没有追求感受的愿望，就不会感受到；追求感受的愿望越强，感受就越强；追求感受的愿望越弱，感受就越弱。

力量

认识到生命之无意义，就有了强大的精神力量，因为生命中已经没有什么非要不可的东西，世界上也没有什么价值是值得畏惧的。

焦虑

所谓参透，就是全无焦虑，对人生中的一切均可泰然处之。

走向

人生就是一个从微观视域逐步走向宏观视域的过程。随着年龄的增长、阅历的增加，人从微观走向宏观，从具体走向抽象，从肉身走向灵魂。

绿色

每当春回大地，一团团的绿色染上树冠，无论人有多么老迈，仍会在心底涌出一点感动，因为这情景又一次发出生命的提醒。

苦乐

人生总体是苦的，因为其深刻的空无；人生具体也是苦多于乐的，因为其普遍的匮乏。但是人可以把快乐的比重扩大。生活中快乐占比越大的人，生活质量越高。

可怜

想想人只是在广袤空间的一个小小角落存在一段短短的时间，就会认识到生命的可怜、可悲。这种感觉是尖锐的，真切的，毋庸置疑的。

销蚀

时间是一件最残忍的利器，它将世间最美好的事物销蚀。最美的肉体，最美的爱情，最美的一切，全部销蚀殆尽。

诗意存在

诗意的生存是最美好的存在状态。所谓诗意有两个层面：一个是抽象的层面，人这种生物本来就是平淡无奇的星体上最富诗意的存在；另一个是具象的层面，有人可以让自己的生命变成一个诗意的存在。

自觉

人在这个世界的诗意生存是有可能的吗？如果没有自觉，就不可能。自觉自愿之后，要主动躲开所有非诗意的交往、作为和追求，只剩下诗意。

倦怠

人在一生中永不感觉倦怠是挺难的。倦怠与生命力呈反比：生命力越强的倦怠越少；生命力越弱的越容易倦怠。

一瞬

要尽量让自己的存在更美好一些，更快乐一些，更脱俗一些，因为存在只在一瞬之间。

涌流

每日清空头脑之后自然涌流出来的思绪，往往就是自身存在的真实状态，是最真实最重要的东西。

肉身与灵魂

与灵魂的存在相比，肉身的生活是不重要的，也是千篇一律的。

死亡

在生活中只剩宁静和快乐的时候，人就渐渐到达了一生死的境界，觉得死亡是件自然而然的事情。

标志

修行的成功标志就是没有焦虑。大到宇宙世界，小到身边琐事，全无纠结，全无烦恼，全无焦虑。头脑澄净，心情平静，情绪舒缓，身心愉悦。

众生平等

人来到世间，机遇不同，处境不同，但是每个人的生命自有其价值，这价值是平等的。

悲天悯人

应有悲天悯人之心。从宏观角度看，人类的存在十分可怜；从微观角度看，个人的生命也十分可怜。

不知不觉

不知不觉间，新年的第一个月就过去了。痛悼过去的时光，应当生活得更加清醒，细细体会存在感，而不是不知不觉，懵懵懂懂。

自由

人生大多数时间处于必然状态，没得选择。人生越早到达自由境界越好。所谓自由就是完全彻底地随心所欲，没有物质上的困扰，没有人际关系上的困扰，也没有精神上的困扰。进入自由自在的境界。

穿行

人在世界上穿行，在空间和人群中穿行，那空间只是一片虚拟的空无，而人群也都是陌生的面孔。

可怜

从宏观角度看，每一个生命都是可怜的。那些自己不觉得可怜的人，要么是懵懂的，根本没有意识到自身之存在的；要么是完全参透的，也就是开悟之人。

归宿

人生真正的解脱是看透生死。只要不是死于突发事故，能够颐养天年，就没有任何可以遗憾的。那是每一个生命的归宿。

兴致勃勃

虽然知道万事皆空，仍然能够生活得兴致勃勃，这是我追求的境界。

直视

对于真正通透之人来说，没有一个问题是不可讨论的。无论是性还是政治，无论是生死还是宗教，所有问题都可以直视。

家

世界上哪里都不是家，无论任何的住处，任何的关系，都不能够真正使人有回家的感觉，唯有人的自我才是家，回到那里，才得安心。

盘踞

静谧而孤独的自我是我的家，它在具象层面栖息在一所安静的房子里，它在抽象层面栖息在一颗安静的心脏里。我静静盘踞在自己的家里，像动物待在自己温暖舒适的窝里。

休息

总是不甘心彻底休息。但是，其实这才是参透之后最正确的生命选择。

青烟

每当想到宇宙和亿万天体的情形，只有万念俱灰。人类的生命显得无足轻重，人类的悲欢离合顿失重量，化作一股青烟，在空中消散。

当下

人所拥有的一切都是过眼烟云，无论是物质的拥有还是精神的美感。所有的美好感觉都是短暂的，不持久的，不永恒的。因此，所有美好的意义只在当下，只在发生时。

坦率

活着，就追求和感受爱与美；死去，就安心地离去，消失得无影无踪。这是对待生与死最坦率最简单的态度。

无缘

诗意是人性中最可宝贵的。很多人从来没过这种东西，一生也无缘得见。

默默

说出来的不是禅。最深的理解是默默地参悟；最深的爱意是默默地关注。

静寂

尘世就是一个人们相互制造热闹的场所，农村人爱放爆竹，就是因为日常的生活太过静寂，要制造点热闹出来。但是无论人制造出多少热闹，宇宙还是静寂的。

悲哀

无论生活中有多少欢乐，其基调还是悲哀的。源于生命的偶然、短暂和无目的。

欢乐

每日看着时间飞逝，生命飞逝，虽然心中充满惆怅，但也有欢乐。那是在写作时，在读书时，在观剧时，在与人交流时。

障碍

只要想想生命的短暂，世间万物的短暂，就没有什么事情还能够格成为好心情的障碍。

短暂

人生短暂，要把时间花在最美好的事情上，要把精力耗费在最优秀的人身上。

脆弱

生命是如此脆弱，稍有不适即毛病百出：热了几度，冷了几度，缺水，晕船。无论哪里稍微不足，马上停摆。因此，应加倍珍惜身体感觉舒适的时刻，那机会如果不是百不存一也是相当稀少的。

兴致

在步入生命后期时，重要的是保持生活的兴致。还能够兴致勃勃地欣赏美，能够兴致勃勃地创造美。生活且仅仅生活在美与爱之中。

如梭岁月

坐在家里，坐在电脑前，只觉得岁月如梭，时间在一点一滴地离去，再不回头。一分一秒，一日一年，脚步匆匆，义无反顾。常常感叹：世界是多么美好，你停一停。但一切都在无可挽回地失去，特别是时间。

季节变换

听长期住在南方的友人说，四季无明显变化是十分单调的。在北方，看天气由酷热转严寒，看植被由繁盛转萧索，的确比较有趣，像是时间的提醒，像是生命逝去的提醒，不时令人欢喜，令人遗憾，令人有所期盼。

日子

日子平淡地过去，唯有内心天天风暴，日日波澜。

旧日历

过去的日子像那本被撕得残缺不全的旧日历，静静躺在墙角，黯然失色。

永远

愿目前的生活状态永远延续，直至终点。心境的恬适，激情的绵延，身体的舒适。常常出现的出世念头是对欲望的调整。

恬静

生活像颠簸在惊涛骇浪上的一只小船，晕眩，焦虑，痛苦，时时想望着陆地，在陆地的一个小小角落过恬静的生活。

失重

认识到空无，是最强大的精神力量。在最终的空无面前，一切都失去了重量。不仅痛苦失去了重量，快乐也失去了重量。

悖论

空虚是真实的，实在是虚幻的，这就是人生最大的悖论。

晴朗

愿心情永远晴朗，没有阴郁，没有晦暗，没有悲苦。一切都会过去，不留痕迹。

有生之年

人过 60 岁后，常常会想到这个词，因为生命不再像年轻时那样仿佛无穷无尽了，终点已经显现，该如何度过有生之年的问题会常常来到心中。

狂欢

人的生命应当是一场狂欢，如果不是，则没有善待自己。

喧嚣

当世间的喧嚣沉寂下来，生命的本质开始在心中沉淀。

真切

快乐与真切地生活。唯有快乐，才对得起生命的短暂；唯有真切，才能应对生命的空无。

一刻不停

常常能够感觉到生命的脚步，像滴答滴答的时钟，一刻不停地走着，走着。眼看着时间过去，年华老去，心中怅然若失。

矛盾

所谓参透就是把一切放下，不再有任何执念，可是人只要活着就有欲望，就有情感，只有死时才能真正放下。这对矛盾怎么解决？

安静

安静的心境来自内心的定力。对于生命短暂的清醒认识，对于各种欲望的清醒认识，对于死亡和意义的清醒认识。

每日

每日应当自问：今天我写作了吗？今天我修行了吗？今天我爱了吗？

生命

人在世间，就像飞禽，无忧无虑地在空中滑行；就像走兽，漫无目的地在林间行走。愿意这样度过在人间的日子。

残酷

人不得不面对的痛苦是生命的短暂，无论生命的戏剧多么有声有色，精彩绝伦，最终还是要谢幕，要离去。这就是生命的残酷之处。

渺小

每当俯瞰世界，都痛感个人之渺小，脆弱，不堪一击。个人就像沧海一粟。主张权力意志和超人的尼采发疯的原因，恐怕就是这人太真诚了。如果他认真看待权力意志的话，仅仅从个人与宇宙的对比中的无力感这一点看，令他发疯的理由就足够了。

流逝

当你凝神观看，亿万像自己一样的人静静生活一段时间，然后静静消失了，这情形既恐怖，又美丽，既壮观，又无奈。当年悉达多在菩提树下看到的一定就是这一情景。

独处

深深感到，唯有独处才是人生的本真状态。在独处时，人才能真正感觉到存在，感觉到时间，感觉到空间。生命的脚步像座钟的滴答，敲响在心头。而在热闹的地方是听不到这声音的。

生命

我的生命由电脑上打出的一字又一字组成，由双脚走过的一步又一步组成，由认真度过的一天又一天组成。可惜，它还是在飞速地逝去。

活力

65 岁恐怕真的要算进入老年了，但是心和脑并无衰老迹象，感觉跟年轻时并无丝毫不同。幸运的感觉。

新年

人在过年的时候，最易感觉时间的流逝，无论人快乐与悲伤，时光匆匆逝去，不舍昼夜，一年一年，一分一秒，很快一生就会过去，然后就是无尽的黑暗。

享用

生命是用来享用的，不是用来荒废或虚掷的。

不忍

每每想尝试完全无所事事的生活，却总是不能心安。我只有三万多天的时间，不忍心虚掷啊。

静谧

愿生活像深山般静谧，像森林般静谧，没有一丝噪音，只有清脆的鸟鸣。

无关

一个人的生活在多数情况下与他人无关，别人并不关心，对于他们来说，其实你并不存在。只有不超过十个人真正关心你的生活。既然如此，可以说，生活中的许多乐趣不过是自得其乐而已。

重复

日复一日，年复一年，生活就是永远的重复。只有创造和爱，给生活带来一点新意。

迫近

看到有人六十多岁即谢世，心中悲凉，宇宙尘埃之感更加强烈、迫近。这是无人可以回避的终极问题。

返璞归真

参透之后，人会返璞归真，有赤子之心，入童子之境。无事不可对人言。心中干干净净，没有杂念。

生死一线

所有的生命都是可怜的。它们裸露在这个荒凉的星球上，经受暴风骤雨，各种天灾人祸，很柔弱，很脆弱，生死一线间。

衰老

应当克服自己的厌倦情绪，因为那是衰老的预兆。保持生命活力，好好享受本已短到不能再短的生命。

静默

佛教讲究静默不语，因为万事皆空，无话可说。生的本质是静默不语，死的本质更是静默不语。人的语言不是无知妄语就是不知所云的呢喃。

凝神静思

只要凝神静思，人很快会进入空无状态。除非周围环境太不合理，太压抑，令人太过愤懑，就像前现代的中国社会。当进入现代社会之后，一切都越来越合理，人不须再挣扎，再抗争，就会失去方向，进入空无状态。

奔波

人生的化境不在奔波时，而在静止时。在奔波时，灵魂找不到归宿；在静止时，灵魂才找到了它的居所。

方向感

当生命方向感强烈的时候，多数情况是处于不自由状态时，比如一个农村人要离开贫困走向城市；一个右派要离开夹边沟回到正常的社会生活中去。当人获得自由之时，生活就失去了方向感，也丧失了强烈的动力。两相比较，人还是宁愿处于自由状态，哪怕生活因此丧失了方向感。

尘世

人只要还浸淫在尘世之中就有烦恼，会有切近的快乐和痛苦，心绪黏稠、沉重；唯有超越尘世，才有超脱的平静和喜乐，但与此同时心境变得稀薄和轻飘。重有重的好，轻有轻的好。重更有存在感，轻使得存在感变得虚幻。

逃走

常有一种从现世生活中逃走的冲动，包括从日常生活中逃走的冲动。想去过一种非现世的、飘逸的、纯粹精神领域的生活。

看淡生死

生与死就像每天的醒与睡，在睡去时人丧失了知觉，在死去时人永远丧失了知觉。仅此而已，岂有他哉。死一点也不难，一点也不可怕。

生命短促

看到小波生前的一份采访录像，其中的他用我熟悉的表情和声音闲散地说着什么。再想，时间已经过去 20 年了。深爱之人的逝去令人痛感生命短促，如白驹过隙。这残酷的事实就血淋淋地展示在眼前，令人不胜唏嘘。

沧桑

参加中学同学相识 50 周年纪念会，相识时是 13 岁，而今已 63 岁，每个人的脸上都是沧桑，有两位同学已经辞世，幸存者也没有一个还有 50 年时光，生命进入倒计时。

癌症晚期

只要想到空无，生命就无往而不胜。生命想透了其实与一个晚期癌症病人无异，什么都不必太过执着，喜欢干点什么事就干点什么事而已。

哲学问题

加缪所说"死亡是唯一重要的哲学问题",想来是切中要害的。佛教主张人要时时思考死亡之事(《西藏生死书》),这一点很重要。这样做,抽象的好处是活得清醒,具体的好处是当死亡来临时能保持心情的平静。

重复

生活就是不断地重复,日复一日,年复一年,永远地周而复始。其中仅有的快乐是读书,情感交流,写作。

新年

在新的一年来临之际,只觉得离终点又近了,心中悲凉,不胜唏嘘。

挥霍

看人们的活法,好像个个都能永生不死似的。他们随意地挥霍着自己的时间和生命。

轻与重

凡是宏观视角都是轻松的;凡是微观视角都是沉重的。从宇宙看,人只是尘埃,所以轻;从身边看,人的存在就是一切,所以重。

鸟鸣

每天凌晨，被鸟鸣唤醒。除了布谷的叫声有调，麻雀的啾啾声接近噪音，可为什么鸟鸣并不给人噪音的感觉？也许是因为鸟儿生命的单纯，它们的歌声也很单纯。

选择

人可以选择过诗意的生活，也可以选择过琐碎的毫无诗意的生活，在于自己。

刻意

诗意的栖居必定是刻意为之，先有追求这一境界的欲望；再有刻意追求的行动。所谓行动其实也只是在想象之中。把自己想象为一只自由飞翔的鸟，在世界的枝头短暂地停留。

泪流满面

每每想起生命之短暂，美好之罕见，爱情之虚幻，不由泪流满面。

蜷缩

希望蜷缩在一个小小的角落，安静地度过余生。其实所有并无这一主观愿望的人，客观也是蜷缩在一个小小角落，其他感觉都是自我夸张而已。

存在与占有

一位哲人提出这两种价值的对比。如果看重占有，那就总会失望，因为世上的物质和人是无穷无尽的，而人能占有的屈指可数；应当更看重存在，那就不会失望，因为所谓存在只不过是每天的活动及其感觉而已。

春花

生命如春花，不经意间已然飘落。美好，脆弱，偶然，无可奈何。

转瞬

生命是如此短暂，只是转瞬之间，即已倏忽而过。即使寿命长过百年，从宇宙之眼来看，仍不过是转瞬而已。

沉默

参透之人趋向于沉默，因为无话可说。就像高僧、禅师，大多数时间都是沉默的，诵经也是沉默之一种而已。

寿命

近期连续听到熟人去世的消息，一位 63 岁，一位 83 岁。前者算短寿，后者算长寿。即使长寿者又能长多少？区区 20 年而已。死亡是如此迫近，就像狮子环伺它们的猎物。

入定

对入定状态极为向往。世事纷繁，人欲横流，要想不为所动，需要极大定力。常常对老僧入定状态神往，内心深处知道这才是开悟的人生。开悟的人生必定是物质上的极简，精神上的通透。

愧对

如果我不快乐，愧对生命；如果我有任何烦恼，愧对生命。

存在

存在是最重要的哲学问题，对于一般人来说，也许是唯一重要的哲学问题。先不必说意义的问题，仅仅是意识到自己的存在就是一件不易做到的事情。

重要

与存在的自觉相比，所有的事情都不重要。存在是最终的哲学问题，是唯一重要的哲学问题。而且，它是世间人所能遭遇的一切烦恼的解药。

无常

无常就是偶然性。世间万物虽有大致规律，但无常是常态，偶然性是常态。比如人的生命按理论假设是 120 岁，死亡实际发生是 80 岁，60 岁就死去的也常常发生。还有小波这样

45 岁就发生的，更彰显无常。

波涛

海上的波涛最易令人联想到人生的无奈，它们翻滚着，奔涌着，一次次扑上海岸，但是又一次次无奈地退去，直到完全归于平静，波澜不惊，有气无力。

物我两忘

修行讲究修到物我两忘的境界，既无外在，也无内在；既无物质，也无自我；既无客观，也无主观。仿佛人已化入虚空，不复存在。我想，这一定是修行的最高境界。

直指内核

对于存在及其意义，应当直指内核，不必在其表面徘徊。表面多是虚饰的，无聊的。内核才是存在的本质。

不食人间烟火

常有出世之念，想不食人间烟火。可实际上却总是做不到。也许正如有人所评，我这个人烟火气重。也许正因为烟火气重，才会向往不食人间烟火。

龟缩

常有龟缩一隅的冲动，想摆脱一切世事，一切人间烦恼，像乌龟躲入乌龟壳，什么也不看，什么也不想，颐养天年。

幸运

看到那位 30 多岁因癌症去世的人的笔记，痛感生命的偶然和脆弱。噩运无缘无故地降临，人只有默默承受。这么看，每一个人只要能够健康地活着，没病没灾，都已是绝大的幸运。

自由

对待世事，不应像激流中的一叶舟，被无奈地冲刷，裹挟，而应像天上的一只鸟，自由地鸣叫，飞翔。

钟摆理论

叔本华的钟摆理论像一张大网，将绝大多数人网入其中：人在生存问题未解决前是痛苦的，生存问题解决后变作无聊。人生像钟摆一样在这两极之间摆动。要想摆脱这个钟摆，唯有追求美与爱。所以美与爱才是人生真正的奢侈品。

热闹

一切的热闹最终都会归于寂静。与空间的广袤和时间的绵长相比，所有的热闹都是小打小闹。

生日

生日是过去生命的一块墓碑——它已经消失了，不会再来。

参禅

参禅是哲思的一种，我只能把宗教当成对人生和世界的一种哲学思考，宗教只在这一意义上吸引我。

沉浸

沉浸在精神生活之中，沉浸在内心世界之中。那里才是人生真正的归宿。物质的世界是虚的，精神的世界才是实的。听上去是悖论，细想却是真的。

新年

新的一年第一天。虽然只是人为设置的一个时间刻度，真实的时间流动中并不存在这个刻度，但是感觉还是有些微异样，就像一个匀速往前跑的人绊了一下。今天和昨天没有区别；今天和明天也没有区别。

远离

在信息爆炸时代，一瞥之下，只觉周围世事喧闹，如波涛汹涌，心境竟是只想远离，出世，躲进精神的桃花源。

出离

常怀出离之心，不是出家人的出离，而是世俗之人的出离。远离所有的诱惑，所有的热闹，所有的虚荣，来到那个最纯粹最洁净最愉悦的世界。

沧海一粟

常有沧海一粟的感觉。无论有多少粉丝，无论被多少人知道，仍会有沧海一粟的感觉。人其实就是沧海一粟。这是确切描述。所以有人觉得自己伟大就会招人反感，即使他名副其实也会招人反感。人们对他的反感主要来自自怜。

超然世外

超然世外的一个基本条件是没有发生非参与不可的战争和斗争。前者如反对侵略的战争；后者如反对专制的斗争。

出世与入世

最佳状态是既入世，又出世。入世带来快乐和痛苦；出世带来超脱和平静。

有限

一切都是有限的：生命是有限的，能力是有限的，影响是有限的，地球的寿命是有限的（还有约 50 亿年）。要经常想到这一点，以便使心情变得平静。

天籁

人生在世，耳中多数的声音都是噪音，完全没有意义的嘤嘤嗡嗡；只有少数的声音是天籁，其中包括音乐和诗歌。

安歇

生命像小溪，静静流淌，大海像生命的终结。小溪最终流到大海才得安歇。

最可宝贵

人生中最可宝贵的是生命，其次是快乐，其中包括肉体的快乐，交友的快乐，精神的快乐。

无趣

如果生活中的一切都是现世的，实在的，可以触摸到的，不也很无趣吗？

无声无息

绝大多数人的生命都是无声无息的，如果能发出一点声音，证明自己曾经存在，那就是一件值得一做的事情。

大树

对自己的生命有大树的感觉是非常好的，独立支撑，不为微风所动，对所有的攻击责难不屑一顾。不但在经济上独立支撑，而且在人际关系上也不依赖任何人。

野生动物

在野生动物自由徜徉的草原，看着它们恬静的生活方式，总觉得有种哲学的意味频频袭来。那是什么？就是生命的本真状态：存在而已，意义是没有的。人又何尝不是如此。

睡觉

睡觉是人每天对死的练习，有梦的睡眠和死去已经十分相像，无梦的睡眠就更加相像。

猝死

每当有猝死发生，都令人不得不正视人生。这样突兀的戛然而止，最让人意识到生命的偶然和无意义。

时间

时间是人生最残酷的要素。看年轻时的照片，在其中看到的主要就是时间。无论是快乐还是痛苦，时间都不屑一顾，自顾自地赶路。

惆怅

每当想到生命在浩瀚宇宙中的渺小和偶然，可有可无，心中都有难以忍受的惆怅。所有的欢乐和悲伤终将散去，消失得无影无踪，就像从来都没有存在过一样。

通透

通透之人应当在几个方面看透：一是宇宙与人的关系；一是人际关系；一是自我实现。

哀乐

凌晨听到哀乐，遂上网去查看是谁去世。没有查到。因此想到：每天每时每刻都有人死去，区别仅仅在于有的人死去会有哀乐，有的没有。可是，二者区别很大吗？

无语

人们总是喋喋不休，其实，人生的基本状态是无语的。出家人就处于典型的无语状态，禅师禅语其实也什么都没说，是一种答非所问的机智对话，其实质还是无语，一切尽在不言中。

清醒

对于生命始终要有清醒认识，它的空无，它的无足轻重。所有的虚名浮利都只是一时的热闹而已，最终都会烟消云散。

岑寂

无论周边有多么热闹，我的内心深处依然岑寂。这岑寂来自宇宙的空旷与荒芜。

本真

远离所有的虚荣和应酬，本真地生活。日日享受快乐，咀嚼痛苦，沉浸在生命的体验之中。

静观

每日静观生命的脚步，聆听它沉重无比的足音，窥测它一分一秒地离去，心中既平静又焦急。

愿

愿将对存在的清醒意识保持到生命的最后一刻，永远冷静，永远超脱，永远乐观。在万事皆空这一点上从不动摇。

时间

当时间完全属于自己，完全可以自由支配的时候，生活才是自己的，存在才是本真的。只做自己想做的事，从内心深处喜欢的事。

冲动

生命的冲动表现在做事的冲动，爱的冲动，写的冲动。什么时候这些冲动变弱了，生命力就衰竭了；什么时候这些冲动没有了，生命就结束了。

失望

人生就是一连串的失望。对自己失望，对他人失望，对社会失望，对世界失望，对人的存在本身失望。

挣扎

人在世间挣扎，幼时为了生存，中年为名为利，渐入老年，向死而生，等待一切最终结束。整个过程中，鲜有快乐，鲜有与他人灵魂的真正交流。只觉寂寥无比，凄凉无比。即使热热闹闹，人声鼎沸，仍无法改变内心之孤寂。

痛苦

生命多数时间处于痛苦状态，少数时间处于快乐状态，盖因成长、活动和存在，全都免不了与周边环境的争斗和摩擦。要想得到肉体的舒适和精神的愉悦，机会不多。

欢欣

每天凌晨醒来，感到生命的欢欣。太阳照常升起，这一天能写出什么？能读到什么样的文字？能看到什么电影？都在未定之天，都令人感到一种欢欣的期待。

快乐

快乐是生命最佳状态，也是最值得追求的价值。归根结底，生命除了快乐的感觉和痛苦的感觉之外，其实什么都不能真正拥有。

余生

我已经过完了生命的大部分时间，在余生中，一个是写作，一个是恋爱；一个是美，一个是爱。这两件事会占满我所有的时间（生命）。

春天

就像在严冬期待着春天，期待着花红柳绿的日子，人生总在期待着变化，期待着快乐，期待着令人赏心悦目的一切。

日历

眼见得日历一天天地翻过，眼见得周历一周周地撕下，心中既快乐又惆怅。快乐的是，每一天都很快乐；惆怅的是，每一天都过去了，不会再来。

简单

最心仪的生活是梭罗那样简单的生活。如果心地单纯，世界就是一个简单的世界；如果心思复杂，人生就是一个复杂的人生。

阅尽

喜欢"阅尽人间春色"这句话，觉得可以将其作为一种人生态度。人来到世上走一回，如果能以观赏态度看人间所有美好之物，是最惬意的人生。

人生

人生短暂，残酷，稍纵即逝。每个人都只有一瞬光明，很快即隐入无边的黑暗。总觉得叔本华没有说错，虽然大家都不爱听他说的那些残忍的话。

水蛭

叔本华说人如水蛭，只是凭本能觅食与繁殖而已，他把人的生命冲动称为"意志"，尼采称之为"权力意志"，弗洛伊德则称之为"力比多"。都是人的内在生命力之意。这生命力是盲目的，无目标的，也是无意义的。

处之泰然

人到了某个岁数，可以达到对一切处之泰然的境界，生老病死，悲欢离合，全都能够处之泰然，宠辱不惊。

人生节奏

对摄像画面所做的快速移动处理最容易令人具象地看到生命的盲目状态，人影在画面上以比真实快几倍的速度闪过，面目不清，方向不明，看去就像人生的节奏。

无聊

感到无聊是人生之癌。克服无聊是带癌生存。一方面已经病入膏肓，时时会有无聊感袭来；一方面却苦中作乐，努力去追寻生命之欢欣。

肃穆和幽默

应当以肃穆的态度对待人生，因为生命实在是太多巧合才造就的一个绝对美好的造物；又应当以幽默的态度对待人生，因为人生实在不值得看得太过郑重，要用幽默的心态来平衡一下。

自由

自由是生命的最高价值，肉身的自由，思想的自由，表达的自由，生活方式的自由。不自由，就不是一个完整的存在。

无聊之后

没有时间感到无聊和没有感到无聊是两回事。前者是懵懂的，叔本华所谓生命钟摆还在痛苦的一边；后者是清醒的，在叔本华钟摆已经摆到了无聊一边之后。

桃花源

常常向往脱离人世的洁净孤寂生活，我愿乘风归去。桃花源的生活，快乐而平静，没有尘世的搅扰，没有尘世的琐碎和匆忙，生活的节奏从容不迫，优哉游哉。

快活

只有宏观、抽象的视角才能随时随地为人带来快乐的心境；微观、具象的事物总是充满了痛苦、烦恼和折磨，只能偶尔快活一下，稍纵即逝。

疯狂

人生的大多数时间，理性占据统治地位，但是也不妨让非理性偶尔放纵一下，也就是说，偶尔的疯狂能够使得生命比较容易忍受。

时间

人的时间不是用来做这件事，就是用来做那件事。那么，怎么选择呢？当然要选自己最喜欢做的事，自己最擅长的事，自己不仅享受结果同时也能享受过程的事。

享受

生命是用来享受的，而不是用来忍受的。

诗意生存

在所有的生存方式中，选择诗意的生存。诗意既是抽象的，也是具体的。抽象的诗意生存来自对生命的诗意想象，超脱凡俗肉身的想象；具体的诗意生存来自爱恋一个具体的人。

诗意栖居

诗意的生存必定包含着美与爱。从宏观角度看是以一生和整个生命为尺度的诗意的栖居；从微观角度是对一个人的充满浪漫诗情的爱恋。

平庸

平庸的人和平庸的人生，给人带来生命的无奈感，觉得它没滋没味，不得不蹒跚而行，全无意义，全无趣味。

忙乱

人如果不能从世俗的忙乱中抽出时间思考存在本身，就很容易丧失自我，丧失真实的生活，成为行尸走肉。

哲人

与世人相比，哲人所过的生活是质量最高的，因为他们对存在的自我意识最为强烈，他们的存在一是自觉，一是自由。

病

每到病痛时，人即回到存在本身。肉体的痛苦使人思索精神的烦闷，存在的荒谬。

休息

病的日子是休息的日子，伴随着身体的不适，心安理得地卧床，无所事事度过一整天，感觉反而是惬意，偷懒，一切活动和心中的躁动全部停了下来。

自由

人更喜欢自由还是心有所系？前者轻松，后者沉重；前者稀薄，后者浓厚；前者抽象，后者具体。人更喜欢过轻松、稀薄、抽象的生活，还是更喜欢过沉重、浓厚、具体的生活？

三无生活

克里希那穆提说过一句惊人的话：尝试去过一种没有意义、没有精神支柱、没有兴趣爱好的生活。他的意思是应当让心智摆脱意志的束缚。人不应当有强烈的意志，一定要达到的目标，一定要去到的地方。存在原本就没有这样的目标。

一隅

每个人在世界上都只能占据一隅之地。从帝王将相到明星巨贾，看去辉煌，不可一世，其实只不过是浩渺世界上一个小小角落里的有限的可怜生命而已。

归宿

最终回到自己的精神巢穴，在其中孕育，生产，享受，自得其乐。与外界的交往缩减为虚拟的。

象征意义

对生命状态最有象征意义的一件事就是旅游：匆匆行路，漫无目的，蜻蜓点水，走过一些地方，看到一些风景，然后就飘然而去，不留一丝痕迹。

栖息

常常感到，人生其实就像鸟儿栖息枝头一样，只是短暂地停留，飞落枝头即是出生，飞离即是死亡，从飞落到飞离只在一瞬之间。从旁观看，这栖息是诗意的，自身的感受也是充满诗意的。

岁月

岁月流逝，竟如此匆匆。高堂明镜悲白发，朝如青丝暮成雪。当人逝去，当时间逝去，当生命逝去，当一切无可挽回地逝去，人唯有悲从中来，不可断绝。

存在这个东西

存在这个东西，你意识到它，它存在；没意识到它，它也存在。只不过有自我意识的存在更加精致，更加明澈，更有诗意。

向死而生

人生最终的目标是死。人生之旅最终的目的地无一例外是死。人生就是向死而生。

人生如梦

哥哥姐姐相继罹患疾病令人痛感生命短促，人生如梦。从青春勃发到耄耋之年，只在转瞬之间。

自由自在

人生到达自由自在的境界是最美好的，生活中完全地随心所欲，无忧无虑。既不受物质条件的拘束（所有的欲望都可以得到满足），也不受精神要求的拘束（一定要达到什么目标，如出名，得到荣誉，得到高度评价等）。

随意行走

一个自由的灵魂的一生，就是在这个世界上随意地行走，既没有目的地，也没有方向。一生所拥有的，只是一些路上的经验和感受。

万籁俱寂

在夜深人静万籁俱寂之时，生命的真谛从静寂中显现。我静观周边世界，静观内心世界，波澜不惊。

厌倦

战战兢兢地等待着那一天，我会厌倦了一切，无论是写作还是爱情。

唯此为大

人在世间生活，有无数忧烦，无数欲望，喜怒哀乐爱恶欲。但是只要跳出眼前，俯瞰人生，其令人心碎的短暂尽皆展现。所有事情与此相较都不重要。

可怜至极

人活着，每天吃喝拉撒谈情说爱，见一些人，做一些事，然后就老去，患病，离世，消失得无影无踪，真是可怜极了。

匆忙

有的人活得安逸，有的人活得匆忙。不知为什么，我属于后者，好像终生都在匆匆赶路，尽管心里很清楚，前面并没有目的地。

表演

人存在的三万天，是一个长途的跋涉，是一个不间断的表演。有时是不自觉的表演，有时是自觉的表演。死亡就是谢幕。

尽头

要常常想生命的尽头。对于一个人来说，那就是他的时间的尽头。虽然时间还会延续，但是与他无关了。

生病

人往往在生病时才强烈意识到身体；在完全无所事事时才强烈意识到存在。

最终

人最终会厌倦了所有的事情，厌倦了劳作，厌倦了爱情，厌倦了生命，厌倦了存在本身。

享受

确保享受生存的每一天，每一分，每一秒。没有任何事情可以打扰人对存在的享受。

澄明

生命已经进入一个澄明的境界，肉体的澄明和精神的澄明。物质生活的无欲无求，人际关系的清爽通透，精神生活的平静喜乐。

准备

死亡是随时可能发生的，听到许多从发现疾病到去世只有几十天的事例。重要的是对此有清醒、明确、坦然的思想准备，强过懵懵懂懂。这样才能在死亡降临时不那么痛苦。

草木一秋

人生一世，草木一秋。一年一度的红叶红得热烈，红得悲怆，令人想到生命的灿烂和脆弱，这曾经的灿烂娇美转瞬之间就会变成肃杀凋零。

本色

幸福

幸福不过是一种内心的感受，它来自肉体的舒适，人际关系的舒适，以及精神的愉悦。我常常能够感觉到幸福。

晶莹剔透

喜欢晶莹剔透的灵魂，不喜欢混浊猥琐的灵魂。前者有种对世事对人生的洞悉；而后者却是懵懵懂懂的。愿生活变得越来越透明，有种水晶似的晶莹剔透，不浑浊，没有杂质。

欢乐

要让自己的生活尽量多地处于欢乐之中，要做到这一点说难也难，说易也易。难就难在爱与美在生活中并不多见；易就易在人的欢乐与否只在一念之间——人可以让自己只想欢乐之事。

痛苦

痛苦是人生中躲不开的滋味，也不必躲开。有痛苦对比，快乐才更加快乐。要想甜，加点盐，也是这个道理。

物质和精神

我相信，在基本的物质需求得到满足之后，人生快乐与否仅仅发生在精神领域，只是人的一种感觉一种想法而已。

本色

永远过本色的生活，说本色的话，按照本色做事，交友。这是最不累的生活方式，也是最简洁的生活态度。

彻底

必须彻底地思考人生和世界。只有把问题想透彻，才能活得清醒，自如，才能掌控自己的情绪和生活。

诚心

诚心诚意做某件事是成功的最主要原因。诚心来自兴趣，诚心导致坚持。而只有发自内心的冲动的事情才会持久地做下去，才会做成。

干净

希望心里总是干干净净的，只装爱与美两样东西，其他的事情全部忽略。

遗憾

如果不想在生命终结时遗憾，就应当在有生之年无忧无虑地随心所欲地尽情地享用自己的生命。

强求

凡事不可强求。是你的就是你的，不是你的，无论多么渴望，它也不是你的。徒增烦恼而已。

感受强悍

心理强悍对于人生来说绝对必要。不惧怕任何事情，不惧怕独处，不惧怕死亡。心理的强悍来自自身的圆满。

精彩

宁愿过一个短暂的精彩的人生，也不愿意过一个冗长的平庸的人生。

采蜜

人生短暂，对自己的时间和精力须采锱铢必较的态度。只读最好的书，只交最好的人，只要最纯粹最美好的经历，对其余的一切取不屑一顾的态度。这就是我的采蜜哲学。

钱

在超过生活必需的部分，钱就是一个数字，没有太大的意义，可以看淡。

清空

时常把食物清空，处于空腹状态，是最有利于身体的；时常把杂念清空，处于空无状态，是最有利于灵魂的。

距离

无论世上有多少痛苦和肮脏，一定要为自己保存一块纯净的空间。并非对肮脏和痛苦视而不见，而是与之保持距离，不要身陷其中。

专注

唯有专注，才能做出点事情。各种旅游交友活动大多是生命的虚耗。但是人有时难免分心，不能总是专注于做事，这是人性的弱点。

过程与结果

人做一件事，究竟过程重要还是结果重要？首选是过程结果都好；次选是过程好结果不好；再次是过程不好结果好；最糟是过程结果都不好。第一种是既快乐又成功；第二种是只快乐不成功；第三种是只成功不快乐；第四种是既不成功又不快乐。

美好

世上真正美好的人和事并不太多，一旦遇到，应当珍惜。不可轻易错过。

平和

急功近利的时候，是人离存在最远的时候。在只剩下赤裸裸的存在的时候，人的心境最为平和。

珍贵

人生中最珍贵的是经历美与爱的感觉。

宁静

无论要应付多么热闹的场面，我的内心永远趋向于宁静。宁静是最舒适的，最甜蜜的，最惬意的。

精神与物质

精神离不开物质，但是精神高于物质。与人建立精神的关系比物质的关系更为珍贵，更为高尚。

快乐

快乐是非常单纯的感觉：完成一个作品；爱上一个人；被一个人爱上；和了一把牌；性高潮。

禁忌

世间的禁忌大多是头脑的禁忌，人的一生大多活在头脑的监狱之中。这个监狱没有看守，自己想出走其实就可以出走。

冲动

人应当遵循内心的冲动，做自己最喜欢做的事，追求自己最钟情的目标，过自己最享受的生活。其他都是浪费生命。

只想

如果每天除了爱和美什么也不想，那么生命就会被爱和美占满。

人生

人生就是苦中取乐，生老病死，人生以苦为主。去找寻一点快乐，是我们唯一能做的。

善感

善感的人比无感的人活得更精彩。由于善感，人的快乐和痛苦烈度更大，情绪更激昂，灵魂更纯粹。

高远

如果心在高处，那么所有地上的都在它的下面；如果心在远处，那么所有切近的都无法伤害到它。

福柯

福柯说过快乐是件非常困难的事，但我却常常感到快乐。是快乐点太低还是比较幸运呢?

自由度

一个人所享有的自由度除了周边环境的限制之外，更多取决于自己的内心。如果内心强烈向往自由，精神的自由是没有边际的。

无新事

太阳底下无新事。世上所有的事情都有人做过，所有的快乐都有人享用过，所有的歌都有人唱过，所有的错都有人犯过。人只好勉强自己做别人做过的事，享用别人享用过的快乐，唱别人唱过的歌，犯别人犯过的错。只有一点事有些微例外：你爱的人是以前没有过的。

沉静

在喧闹和沉静中，我的心总是自然而然地趋向于平静。因为平静才是存在的本真状态，而喧闹是不自然的，人为的。

伟大

一个人的伟大程度取决于他关注的事情，他关注的事情分量越大，他就越伟大；他关注的事情分量越小，他就越渺小。

美与丑

世间之事，丑陋的多，美好的少；平庸的多，精彩的少；痛苦的多，快乐的少。在这个丑陋不堪的世界上，发现一点点美好都是很难的。

价值

人的价值由他真正的兴趣点决定，因为那是他花费了最多生命能量的事情。

幽默感

人一定要有幽默感，对于自身、对于他人、对于世事。如果没有幽默感，太过认真，难免陷入忧伤。

故弄玄虚

我最不会故弄玄虚。在学问上，从来不说一句假装深奥的话；在做人上，从来不会假装比自己实有的更深邃。宁愿耽于浅薄，绝不假装深刻。

纠结

如果心思总是纠结于尘世之人，尘世之事，就不会得到完全的喜乐，因为现实中的人和事很难完美。真正的完美只存在于精神世界中。

意志

人的意志能够改变事态。如果人一心想获得某种东西，他得到的几率会加大；意志越强烈，得到的几率越大；最终没有得到那东西的主因在于意志还不够强烈。

时间分配

人一生只有三万天上下，要注意时间分配。把最多的份额分配给美好的事物，美好的人，纯粹的快乐。

身体

人的生命中，身体是一切之本。一旦身体不适，轻则影响情绪，重则万念俱灰。将身体调适到最佳状态是存在的首要任务。

忽略

在人生中，要重视一些事，忽略一些事。重视自己想做的，能做的，爱做的；忽视自己不想做的，不能做的，不爱做的。

隐痛

如果人的心中没有隐痛，他的日子就过于没滋没味了。

永远的动力

如果一个目标永远也达不到，永远可望不可即，那么它就会成为永远的动力。

对话

如果人生在世，无人对话，那是绝对的孤寂。当所思所想得到响应，得到共鸣，得到知音，那种欣喜之情真是无与伦比。

酷爱

如果对某事没有酷爱，不可能把它做好；如果对某人没有酷爱，不会把他从人群中单挑出来。

灵魂

与物质生活相比，灵魂的活跃交往更加重要。表面上看，物质生活比精神生活更实在，但是从存在意义上看，精神的活动比物质的种种更加实在。

超然物外

取超然物外的生活态度需要两个前提：一个是没有重大社会危机，比如战争、革命；另一个是具有满足生存必需的条件，比如基本温饱的环境。

关注

世上值得关注的事不多，值得关注的人不多。一旦遇到，生命仿佛增添了滋味。

成功

所有所谓成功都在身外，并不直接带来快乐。快乐只在自身的感觉，身心愉悦的感觉。而身心愉悦的感觉来自身体的舒适，以及世间美好事物所带来的精神愉悦。

噪音

思考的敌人是噪音，叔本华、卡夫卡全都对此恨之入骨，不胜其烦，被噪音搅扰到几乎疯狂的境地。国人却大多对此浑然不觉，他们不知道高音喇叭和鞭炮是对他人多大的骚扰。

节奏

人生活的节奏十分不同。有人以一当十，有人以十当一。以一当十的人，生命是一般人的十倍，是以十当一的人的一百倍。

轻松

每当使用宏观视角来看待人生，立即就可以变得一身轻松。所有的紧张和压力都没有必要，于是人产生失重感。

清澈

最喜欢的品性是清澈，眼睛的清澈，心的清澈，思绪的清澈。在看待周边的人与事时，不带偏见，不存杂念，没有猥琐算计之念。在看待自己时，也是这样。

矛盾

总是本能地躲开矛盾，希望大家意见一致。但是矛盾往往成为社会发展的动力，无论是穷人和富人的矛盾，还是少数与多数的矛盾。

战斗

战斗的激情是生活之盐。生活原本是平淡的，如果参加了斗争，就使得生活有了滋味。

专心致志

看到一位心理学家说：生活是一门专业。福柯也表达过类似看法：为什么人生不是一件艺术品，生活不可以是艺术？应当专心致志于自己的生活，把它塑造成一件美不胜收的艺术品。

评价

成功从来都没有什么太大的重要性。它只不过是他人对自我的一个或高估或低估的评价而已。自我是怎样还是怎样，不会因此变得更美好或更重要一些。

准备

在学生阶段，感觉是在为生活做准备，而不是生活本身。这个准备阶段不是越短越好吗？

躁动

人心永远要躁动，否则就不知道自己是不是活着的。可是，还是要想办法不时回归平静，超脱一些。

渴望

只有渴望，才能带来动力。没有渴望，就不会做好任何事，甚至都不会产生做事的冲动。

汹涌

内心常常处于波涛汹涌的状态，这是一种幸运。要不生活多么无趣。

计较

人绝不应当让自己陷入斤斤计较患得患失的境地，无论大事小情都取豁达开朗的态度，不计较一时的得失，这样才能活得坦然，活得快乐。

充沛与纯粹

只有纯粹的，才是充沛的。情感是纯粹的，爱的激情才是充沛的；动机是纯粹的，写作的激情才是充沛的。

欲望

人一生永远不会厌恶的大致只有两件事，一是食欲，一是性欲。当不再有这两种欲望的时候，就接近了死亡。

旅行

去少有人去的地方，阅尽世界风景，赏心悦目。好有一比，就像看杂耍一样，阅尽人间百态，心中愉悦。

内在与外在

人生真正的成功不是外在的，而是内在的。金钱权力和名望只是成功外在的标志，如果没有内在的圆满和静美，就没有得到真正的成功。

纯粹

喜欢生存在纯粹的感觉之中，这感觉可以由食、性和爱中获得。饱腹的感觉是纯粹的，性快感是纯粹的，对人的激情之爱是纯粹的。

浑浊与清澈

凡是涉及名利，就都是浑浊的；只有美和爱，才是清澈的。

舒适

一定要保持身体的舒适，只要稍有不适，难免万念俱灰。如果饿，如果冷，如果热，如果病，则所有的快乐都谈不上，生命完全没有质量。

上瘾

一般来说，上瘾状态是不好的，因为人丧失了意志，失去对自身的控制。但是有两个例外，一个是对美上瘾，一个是对爱上瘾。这两种状态带来的是沉迷的快乐感觉。

消沉

人在生活中没有兴奋点时会变得意气消沉。为了活得兴奋、快乐，应当不断在生活中寻找兴奋点。

稀少

常常痛感生活中美好事物的稀少。正因如此，万一遭遇，一定珍惜。

术有专攻

人时间有限，精力有限，才能有限，只有将其集中于一件事上，才有可能做出像样的东西。东一榔头西一棒子则难成事。

极地

来到全世界一年只有 500 人能够到达的地方，感觉到新奇。这也不是什么太了不起的事情，只是比其他事情更加有趣一些而已。冰雪世界其实正是人类社会的真实写照。人类社会看似热闹，有时会打得热窑似的，其实是一片冰冷肃杀的，只有亲情、友情和爱情能够带来些微温暖。

旅游

人在世上活得无聊，就想到处走一走，看一看，找点事干。

禁欲

宗教都是禁欲的，反对快乐的。因为追求快乐是人最自然的愿望，如果要让人有负罪感，就必须反对人人都会有的欲望。至于为什么要让人有负罪感，解释在于：如果没有负罪感，就不需要救赎。而宗教的功能主要在于救赎。

奢侈品

奢侈品不是名包名表豪宅豪车，美与爱才是这个平庸世界上真正的奢侈品，一般人无缘消受。

时间分配

人生中许多不得不做的事情都是无聊无趣的，比如吃喝拉撒，比如谋生挣钱。应当有意压缩做无聊事的时间份额，尽量增加做有趣事的时间份额。

如果

如果我爱，我的生命就不会无聊。如果我生命无聊，就去爱，爱一个人，爱一件事，随便爱点什么。

幸运儿

在人生中能够遭遇爱与美是最大的幸运。爱是可遇而不可求的，美也是可遇而不可求的。我是一个幸运儿。

动与静

人总是静久思动，动久思静，在探险与安定二者之间摆来摆去。从动态回归静态后，心情归于平静；平静的生活过久了，就又想到处乱跑。

酣睡

酣睡是人生中最舒适的一件事，如果能有美梦加入，那简直就可以是快乐的了。

超越物质

人如果没有超越物质存在的追求，就沦为动物。人与动物的主要区别就是超越物质需求和肉身的追求。

伟人

伟人是关注重大问题的人。他生命的重心在重大的带有共性的问题上；而一般人生命的重心在微小的只存个性的问题上。

混沌

生活不过是混沌一片，像一个孩子随意的涂鸦。唯有爱和美的感觉是其中一点点突兀的亮色。

追寻

人生在世，就像在迷雾中追寻着远处的一点亮光，这亮光就是情深意切的爱和超凡脱俗的美。

阴郁

虽然心境在大多数时间是晴朗的，但是有时也会陷入阴郁之中。只能强迫自己振作精神，让阴郁的时间尽量短些，让晴朗的时间尽量长些。

活泼

生命应当是活泼泼的,在身体已经不活跃的岁数,精神还应当是活跃的。这个特征是生与死之间最主要的区别。

平静

日子平静地过去,像小溪流水,波澜不惊。喜欢这样的静谧,喜欢这样的孤寂。

冷峻与温和

内心应当是冷峻的,又是温和的。前者是在理性范畴,后者是在非理性范畴。

活跃

一个人生命的质量决定于他内心的活跃程度,冲动越大的人,成就的事越多,生命质量越高。

沉浸

有一件有趣的事情可以令身心沉浸其中,真是此生最大的幸运。我有幸遇到了两件这样的事,一件是写作,一件是爱情。

兴奋点

人生中的兴奋点集中是非常幸运的,最明显的两个例子:一个是写作,一个是恋爱。如果兴奋点分散或者根本没有兴奋点，就不会写出作品，也不会爱上一个人。

快乐与幸福

快乐短暂，幸福绵长；快乐活跃，幸福宁静；快乐肤浅，幸福深沉；快乐轻盈，幸福厚重。

独享

生活是用来独享的。当然，与人分享也有必要，无论是情人、亲人还是友人，但独享是首要的。如果一个人不会或不能独享他的生命，这个人是很可怜的。

回归

当汹涌归于平静，喧嚣归于沉寂，奔波归于静止，就像熊进了洞，婴儿回了娘胎，感觉到舒适，熨帖，回到了生活的本真状态。

享受

读书和写作，交友和恋爱，愿余生浸淫在美与爱之中，直至最终的时刻。

幸运

幸运来自机遇，幸运的保持却来自努力。有某种天赋来自机遇，令其有所成就来自努力；碰到可爱之人来自机遇，与之建立亲密关系来自努力。

动力

生命的动力部分来自外部的逼迫，部分来自内心的冲动。前者如生活的困苦，社会的不公所带来的压迫和愤懑；后者如性欲和人的种种欲望。

专注

人做某事，一定要专心致志。只有比别人下更多的功夫，才能有常人无法了解的知识，有常人无法得到的看法。

安乐窝

应当把自己的生活建设成一个安乐窝：物质舒适，关系和谐，精神愉悦。人在其中似乎可以舒舒服服待上几十年。

轻松度日

人能否轻松度日全是心性习惯使然，在没有做事压力的情况下，有的人可以无所事事轻松度日，有的人就必须争分夺秒不肯须臾虚度。后者比前者肯定会有更大成就，却未必比前者更加快乐。

三立

立德立功立言，这三立是古往今来中国人标准的人生目标。可惜只有现世和现实的意义，没有哲学的意味。只有脚踏实地，没有仰望星空。

率真

率真是最可宝贵的性情，也是最自然最省力的性情。率真就像坦然地站在地上，不用费力跳起，让自己显得比实际的高度更高一些。

自由

人的自由非常有限，首先受制于空间（生存环境），其次受制于时间（所处时代），再次人文环境（社会关系与家庭关系），以及自己的天赋条件（智力、容貌）。大多数条件都是必然，要跳出必然王国进入自由王国，需要极大勇气、智慧和机遇。

身与心

身与心常常以一种神秘的方式联系在一起。身体的健康与精神的健康联系在一起。精神愉悦，百病不生。

心境

一定要让自己的心境常常处于宁静的状态，有时处于愉悦的状态，偶尔处于狂喜的状态。

动力

生活的动力、写作的动力、爱的动力，全都来自生命的动力。如果生命想安静了，想逝去了，就不再有动力。

幸福

身体的舒适，令人感到幸福；精神的愉悦，令人感到幸福；爱与被爱，令人感到幸福；纯粹的存在感，令人感到幸福。

热情

有人热情如火，有人清淡如水。我庆幸自己是前者。

兴奋

只有写作和恋爱才使我兴奋，才让我的生命之泉涌流。没有这两件事，生命之泉就会干涸，枯竭，断流。

烦恼

生活应当粗放些，如果总是对琐碎的事情锱铢必较，就会陷入烦恼，就不会快乐。

蹉跎

人生的蹉跎是最大的悲剧，既有外部原因，也有内部原因。社会环境，家庭环境，天赋，努力，机遇……

快乐第一

人的快乐感觉应当放在生命最重要的位置，没有任何其他的人和事应当摆在它的前面。

自己

每个人的生活都首先是自己的——自己生，自己死，自己痛苦，自己快乐——别人无法替代，即使是你最爱的人，即使是最爱你的人。

舒适

像人类的出现需要众多因素的凑巧一样（地球离太阳的远近等），人的肉身的舒适需要众多因素的合适，温度上下几度，就可以使舒适丧失殆尽。

冷静

在灾难袭来时还能保持冷静是一种高贵的品质。需要借助于对人生和世界的俯瞰视角。

先锋

做先锋感觉不错。挑战习俗，挑战社会，挑战时代，一种很欢快的感觉，超凡脱俗的感觉。肯定会受到很多非议、冷嘲热讽，但是可以置之不理。

两种快乐

人生有两种快乐，一种是创造的快乐，一种是享用的快乐，前者与后者相比是更大的快乐。

陶醉

喜欢处于陶醉状态，能够给我带来这一状态的有两件事，一是写作，二是恋爱。

虚荣

虚荣不能给人带来真正的快乐。虚荣只是快乐的泡沫，而实质上的美与爱才是快乐本身。

浪费

聪明的人享用生命，愚笨的人浪费生命。虽然最终殊途同归，但前者的生命似乎质量更高些。

稀少

美在世间是稀少的，就像激情之爱也是十分罕见的一样。

激烈

激烈是最不养生的，无论是激烈的动作还是激烈的情绪。常做激烈动作的运动员往往并不长寿；常常陷于激烈情绪也不利于益寿延年。

痴迷

所有在某件事上有所成的人必定是对它痴迷之人，艺术家都是对艺术痴迷之人；有钱人都是对钱痴迷之人；有权人都是对权痴迷之人。

古人

人其实只生活在此时此刻，前无古人后无来者。

做自己

人最终只能做自己。他不喜欢的，即使想做也做不成；他喜欢的，即使不想做也能做成。

生活

有时，生活之美好令人难以想象，写出一首诗，爱上一个人，得到一个微笑，得到一笔意外之财，令人心花怒放。

填满

让爱与美成为生活的冲动，生活的目标，并让这两个东西实实在在地把每天的时间填满。

清澈

在生命中最大限度地保持目光的清澈。这一清澈来自洞悉人心，洞悉人生，洞悉世界。

动物

幸福的人首先是能够创造美的人，其次是能够享用美的人；首先是能够爱上别人的人，其次是能够享用他人之爱的人。如果既不能享用美，也不会享用爱，就是一个近似于动物的人。

每人

每个人都有自己的生活，要自己去享用，自己去体验，自己去体会，自己去感受。每个人的生命都是平等的，都是各自心中最重要的价值。

影响

人不必过于看重自己的影响力。自己的影响力在时间和空间两个维度都可能有偶然性，但最终还是会回归内容和质量，这才是必然性。

收放自如

人生最惬意的莫过于收放自如，无论是在人际关系上，还是社会活动上。

心情

人被批评否定谩骂，会导致心情恶劣，情绪波动。要审视自身行为，正直温润，然后调整情绪，下修行的功夫。

找到

找到平静与激情之间的平衡，过一种既平静又有激情的生活，这是生活艺术能够达到的最高境界。平衡一旦被打破，平静变成死气沉沉，激情变成毫无节制，就会失去好的节奏。

快乐与平静

人生的高标准是获得快乐；人生的低标准是获得平静。没到这两个境界，人生就是痛苦的。

动与静

一动不如一静。年事越长，心越沉静。不为纷繁世事所扰，不为功名利禄所动，也不愿外出奔波，渐渐变得像乌龟，一动不动在水边的大石上享受阳光，消磨时光。

奔忙

每每看到人们在世上忙碌，像小鸟一心一意觅食，像蚂蚁孜孜矻矻劳作，总是觉得他们很可怜。当然，这并不妨碍他们自己感觉良好。

眼不见为净

对世间许多的污浊，尽量做到眼不见为净。如果人的眼睛总是盯着污浊，心情就不会好；如果人的眼睛总是看着美好的东西，生活仿佛也美好了许多。

幸运与幸福

幸运是幸福的原因之一，但却是不大重要的一个原因——天生丽质啊，天生聪明啊，碰上好人啊——真正能为人带来幸福的还是主观意志。

两相比较

精神生活比物质生活重要，也能给人带来更多的快乐。看一部好电影给人带来的快乐远远大于美食；爱一个人或得到一个人的爱带来的幸福远远大于美酒。

动与静

生活就是在动与静之间来回穿梭，白天是动，夜晚是静；交往是动，独处是静；说话是动，沉默是静；劳作是动，休憩是静。我的内心无限趋向于静，不断地要逃离动。

干净

一定要设法使自己生活于干净的环境之中，干净的自然环境，干净的社会环境，只有如此，自己的心情才能干净，自己的生命才能干净。

井井有条

喜欢井井有条的生活，无论物质、人际关系和精神领域，全都处于舒适的秩序之中，而不是疙疙瘩瘩，鸡飞狗跳。

形式与内容

性别、年龄、社会地位、成就，还有无数外在的可以看得见摸得着的东西都是生命的形式，唯有写作和恋爱是生命的内容。

过程

生活就是一个不断去粗取精的过程，不断去掉杂质杂音的过程，不断筛选的过程。留下精粹，祛除芜杂。

纯度

人在哪里生活不重要，重要的是生活的纯度。人可以生活在大城市、小城市、乡村，随便哪个国家，这些都无关紧要。紧要的是生活内容之纯粹与美好。

成功学

钻研成功学的人，都是不成功的人；成功的人，都是仅仅因为酷爱自己在做的事情而无意中成功的。

安身立命

人生中，首要之事是要有一个安身立命的方式，那就是在经济上独立支撑，能够养活自己，然后才谈得上高质量的自我实现的人生。

每天

每天的快乐比总体的快乐重要，每天的存在感比总体的存在感重要，过高质量的一天比一生重要。即时感受到的快乐才是最实在的，最值得的。

琐碎

生命其实是极其琐碎的，每天的吃喝拉撒睡，每天的喜怒哀乐爱恶欲，一日一日，一时一刻，构成了整个的人生。

价值

存在最重要的价值是自由。如果不自由，生活就没有质量。无论是身陷囹圄，还是精神陷入牢笼，生活都没有质量。

两个要素

真正自由的生活有两个要素：一个是不受物质的约束；另一个是不受物质的诱惑。

心境

人活着，每日每时的心境是最重要的，既要把它在总体上定位在一个合适的地方，又要不时做微量的调整，使之处于最为利生的状态。

最喜

在这个世界上，最喜欢自由。愿意自由地生活，自由地思考，自由地说话，自由地爱，自由地写。

睁眼

只要对这个世界睁开眼，就会彻底绝望。因为一切都是如此的短暂，稍纵即逝。

闭眼

当人感到幸福得不得了的时候，往往会闭上眼睛。这是一个下意识的象征性十足的动作。因为人只有闭眼不看现实的时候才能感到幸福。

排解

对于无法满足的欲望，最佳的排解方法是超脱地去想它：实现了又怎样，实现不了又怎样呢？从宏观角度看都没什么大不了的。

选择

要有高质量的生活，眼耳鼻舌身都须是选择性的，只选择美好的感觉，摒弃不好的感觉。心绪亦是如此。

静美

选择静美的心境，用宁静和美好填满自己的存在。

享受

生活的多数时间应当是享受的，少数时间受苦。身不由己时只好受苦，只要能够掌控，有得选择，那就一定选择享受。

精神世界

最佳生活方式是完全活在精神世界，与物质世界脱离联系。这样的生活才有可能只有爱与美，没有恨与丑。

兴致

在没有生存压力之后，一切取决于兴致。兴致高的生活质量就高；兴致低的生活质量就低。

过滤网

在自己的存在中一定要设过滤网，只有美好的东西才允许通过。

热烈

热烈地生活。在内心变得异常沉静之后，努力使自己能够热烈地对待生活和时间。

超脱肉身

人在某个时刻必须超脱肉身，因为肉身总要遵循由盛至衰的规律，渐渐变得惨不忍睹。所有的驻颜招数最终归于无效，人生无限地趋向于衰败，丑陋。如果不能从精神上超脱，生活将变得痛苦不堪。

睥睨众生

抽离倨傲轻蔑的意思，人生应当有居高临下的宏观视角，这样才能够摆脱琐碎，摆脱烦恼，过高蹈洁净的生活，达清澈无忧的境界。

勉强

绝不应当勉强自己去做没兴趣不擅长的事情。那样做，既不能享受过程，亦不能享受成功的喜悦。

矛盾

人都是自相矛盾的，既想平静地生活，又想陷入激情；既知一切均无意义，又固执地追寻意义；既已参透一切，又执着于一时的美好。人是多么矛盾而分裂啊。

渴望

人心中有渴望的东西是好的，增加了生活的动力，能够成就伟大的事业，得到巨大的幸福。然而，人的渴望随着时间消逝变淡，消失，逐渐归于无可奈何花落去的感觉。

俗气

尽力躲开俗气的人和俗气的事，尽量使自己的生活超凡脱俗。俗气是必然，超俗是自由。

偷懒

人偶尔偷偷懒，犯犯愣，感觉也很惬意。我更多的时间是在强迫症似的工作中度过的。希望对自己不要太苛刻，偶尔出出神，心中一片空白，就像长途跋涉中偶尔坐下来小憩。

心静

世事永远是喧闹的，只有主动刻意的追寻才能到达心静的境界。物质生活的热闹，人际关系的喧闹，精神生活的焦躁，只有靠刻意的躲避，才能进入真正闲散、独处、静谧的生活。

安静的力量

被人评价为有一种安静的力量，觉得非常有趣。安静的力量是执着的，默默地存在；安静的力量是强大的，能够压倒对手；安静的力量是沉着的，面对反对的力量不会惊慌失措。

淡定

生活态度应当是淡定的，不是急赤白脸的。世上没有非求不可的人和事，任花开花落，听其自然。应当有这样的境界。

偶尔

在人生的大多数时间，应让自己保持理性和清醒状态，但是偶尔也不妨放纵一下自己，让非理性占据一点空间，以体验人生的狂喜。

远隔

希望与人处于远隔状态。身体上的远隔就是独处；精神上的远隔就是独自冥想，静思。

曾有

无论你曾经有过什么，最终都会失去。权力，金钱，名望；亲人，友人，爱人。

研磨

一些人对于生活是粗枝大叶囫囵吞枣的态度，另一些人则取细细研磨的态度。后者的生活更有味道。

暗火

激情是暗火，在心中隐隐燃烧。在变成明火之后，它不容易持续。一直保持暗燃状态，反倒容易绵延不绝。

非理性

人的非理性力量的执拗和顽强，常常令人自身都很意外。那仿佛是一种无法控制的身外之力，而明明又来自自己内心。

丰富

灵魂的丰富是存在中最可宝贵的，灵魂的干瘪导致生活的无趣、无味和枯燥；灵魂的丰富带来生活的有趣、有味和丰润。

消停

喜欢过消消停停的生活，不喜欢太过热闹忙乱的生活。愿意长久待在一个地方，每天按固定的时间表做固定的事。这样的生活让人心里踏实。

心绪

要在一生和每天的生活中保持心绪的宁静和愉悦，不是一件容易的事情。但是如果不去做，则没有善待生命。

变轻

看透之后，一切都会变轻，不仅权力、财富、名望变轻，连爱情都会变轻。

放松

幸福的感觉其实并不难获得，只要把心情放松，不要把自己逼得太紧。不要太高的成就，仅仅满足于做自己喜欢做的事情；不要太多的回报，仅仅满足于自己对喜欢的人的眷恋。

追求

人最终只能追求到本该属于他的东西。再努力，也追求不到原本不属于他的东西。

绝对与相对

世上没有绝对的好，只有相对的好；没有绝对的成功，只有相对的成功；没有绝对的杰出，只有相对的杰出。

出类拔萃

与一帮出类拔萃之辈同行，感觉不错。周围的气氛偏快乐，偏慷慨，偏优雅；少痛苦，少猥琐，少粗鄙。物以类聚，人以群分。

宠辱不惊

人要到达宠辱不惊的境界需要底气，这底气来自对生命的透彻看法，对名利的透彻看法，来自真正的超脱。

纯粹

快乐来自心境的纯粹。没有恶意，没有贪婪，没有矫饰，只是单纯地追求美与真，这样活着才是快乐的。

营造

为自己的生命营造一个安静、干净、美好并充满激情的世界。躲在里面好好享用自己的生命。

审视

永远审视内心，观察自己的内心冲动，追随内心的冲动去做事，交友，永远对自己的存在状态持冷眼旁观的冷静和理性。

相对

一切世俗意义上的成功都不值得炫耀和沾沾自喜，因为知道其价值是相对的，有限的，最终归于空无。

生命力

生命力表现为追求快乐的冲动。生命就是一个追求快感的过程。追求快乐的冲动越强，生命力越强；追求快乐的冲动越弱，生命力越弱；完全丧失了追求快乐的冲动，生与死就没有区别了。

能力

欢乐是一种能力，从平庸中发现奇异，从丑陋中发现美，从痛苦中发现快乐，不只要靠敏感的感受力，有时要靠想象力和创造力。

坦诚

在任何时候，坦诚地对待所有的人。因无求于任何人，所以可以坦诚相见。

独立

独立支撑的人才不会受伤害，如果依赖他人，无论在物质上还是精神上依赖，都很容易受到伤害，因为他人做事有他的逻辑，不经意间就会伤害了你。你只能承受，而他人并没有做错什么。

高洁

要生活在高洁的境界就要拒绝诱惑，世俗生活的诱惑和粗鄙活动的诱惑。

细密

心思细密是长处，但还应宏大，否则会失之于琐碎。

清醒

听人说起醉酒，才忽然意识到自己一生没有喝醉过，一直都是清醒的。从来没有进入过忘我的境界。原因可能是性情过于敏感，过于压抑，也过于羞怯。

想象中的快乐

想象中的快乐是不是快乐？由于快乐有肉体和精神两个部分，想象中的快乐属于精神的部分，所以回答应当是肯定的。典型的例子有写作和柏拉图式恋爱。

秋高气爽

让心境常常处于秋高气爽的状态，抬头仰望碧蓝的天空，云彩在远远的高处，不在低处，无压抑感，心情爽朗。

放空

应当经常将心放空，然后只允许美好的愉悦的事物进来，将所有的肮脏猥琐的东西锁在心外。

滋味

只有快乐没有痛苦的生活显得缺少滋味。那些苦涩的经历使得甜蜜更加丰满。宁愿有苦有甜，不愿平平淡淡。

归属

是你的就是你的，不是你的就不是你的。人应当只要属于自己的东西，不去奢望不属于自己的东西。徒增烦恼而已。

感应

所谓心灵感应，其实就是直觉。人的直觉是最先进的机器也不能具有的，这是人的特殊禀赋。

单纯质朴

愿意拥有一个单纯质朴的人生，衣食住行都满足于极简，在精神上只追求爱与美。

易与难

将身体的舒适和精神的愉悦确定为人生两大目标，听上去很低调、容易，其实却是相当高蹈和困难的。例如，在哮喘复发时，时时刻刻感受到身体的舒适有多么难以企及，这是前者；后者如福柯所说：快乐是一件很难的事。

强烈与恬淡

我的内心强烈又恬淡。感觉有点矛盾。激情之爱是异常强烈的情愫，我拥有这样的经历；而心境又常常趋向于恬淡，常有出世的愿望。

虚荣

周边有太多的虚荣与肤浅，人们热衷于一时的热闹——荣誉，名声，金钱，往往注意不到这一切是多么短暂和无意义。

纯美

应当让自己生活于纯美之中。不让各种利益的计较、人际关系的芜杂以及平庸丑陋的事物占据自己的生命。

尽量

人生中有很多痛苦和烦恼，生老病死，鳏寡孤独。人应做的是尽量让快乐的感觉在整个时间和意识中占据更大的比例。

活着

如果还有追求美与爱的冲动，证明生命还有活力；如果丧失了冲动，就不再活着。

两颗星星

美与爱是夜空中最亮的两颗星星。如果生活中没有这两颗星星，生命常如夜。

惊涛

世界上永远汹涌着惊涛骇浪，而人只想躲进自己那个风平浪静的小小港湾。

满足

人应当满足于已有的东西，不应得陇望蜀。知足者快乐，贪婪者痛苦；知足者平静，贪婪者焦躁。

独立支撑

人要自由快乐，必须独立支撑。在物质生活上不依赖任何人，在精神生活上也不依赖任何人。前者比较容易做到；后者更难做到。就连爱情都是某种程度的依赖，所以它并不总是与自由和快乐一致的。

幸与不幸

人生最大的幸福就是做自己喜欢做的事，做自己喜欢做的人；最大的不幸则是不得不做自己不喜欢做的事，做自己不喜欢做的人。

优雅

优雅的生活必定是舒缓的，沉静的，单纯的。只要心情紧张，焦躁，纠结，就全无优雅可言。

清澈

被某人评价为"目光极为清澈"，心中充满喜悦。愿终此一生耽于心灵纯净目光清澈的状态之中。

心静

人在外奔波时，最怀念在家静养；人身处闹市时，最怀念在家闲坐；人陷入人堆时，最怀念在家独处。

内心感受

幸福与否不在所有的外部标志：金钱、权力、名望，而在内心的感受，在于做自己喜欢做的事，交往自己喜欢的人，过自己喜欢过的日子。

冲动

常有摆脱世事的冲动，但是又受不了绝对的孤寂。基本独处，偶尔跟人搭搭话，应是最佳选择。

常人

不做常人是个解脱。如果总做常人，就没有多少自由。而不做常人就可以随心所欲，自由自在。什么是不做常人？不结婚，不生孩子，不一对一，不介意单恋，陷入柏拉图式恋爱，不理七大姑八大姨，不走亲戚，自慰。

曾国藩

曾国藩这个人是传统中国世俗成功人士的典范，毫无新意。毛和蒋都曾以他为人生楷模，三立至今是中国人最高的人生目标。死板，没有幽默感，缺少哲思，缺少现代性，是个无趣之人。

狂喜

暗自期望自己经历更多的狂喜时刻。用合适的价格买到一件称心如意的衣服，读到一本好书，爱上一个人，性高潮。狂喜是一种非常有趣的精神状态。

大脑

性快感发生于大脑，而不仅仅是生殖器。严格说，大脑才是最重要的性器官。性器官只是获得性快感的工具和途径。

激情

佛教根本反对激情，将爱与恨看作同一个东西的两面，不无道理。要激情还是要平和，这是人生最大的两难问题。

各有利弊

激情使得人生的浓度强度烈度增加，大悲大喜，大苦大乐；平和则令人生的味道寡淡，平淡如水，波澜不惊。前者未必好；后者未必不好。各有利弊。

快意恩仇

武侠小说人物都是快意恩仇的，但是如果一生平和，没有那么多恩恩怨怨，未尝不是一件好事。

直取核心

多数人在我看来都是在生活的周围徘徊，说话做事都有意无意回避那个核心。我却直取核心，无论说话做事都直指那个核心，而不是顾左右而言他。我这样做仅仅出于本能。

适合

每个人只有一个最适合自己的生活方式，去羡慕别人的生活是一个最错的选择，白白把自己的心情搞坏。常记：此人的美酒佳肴，乃彼人的穿肠毒药。

人生

人生的时间不多，可做的事不多，愿意只是随心所欲，自由自在地徜徉。能做什么就做点什么，能做多少就做多少。反正最终的归宿没有什么不同。

老人与海

这部小说的两个关键词：奋斗，徒劳。奋斗是人在世上具体的努力；徒劳是对人所做的一切努力的抽象观察。奋斗是老人在海上旷日持久的奋战；徒劳是那条终于被拖回的大鱼的白骨。

每天

人每天面对一成不变的世界，一成不变的生活，还真是需要一点耐心，一点强迫症似的重复。能理解有些天才为什么会发疯，庆幸自己身上平庸的一面。

躲开

躲开人群，躲在自己的角落。其实世上每个人，无论搅起多大动静，也还是活在自己的角落而已。关键是活得快乐，活得平静。

异数

被人称为异数，真是一个莫大荣耀。证明能够超凡脱俗，能够脱颖而出，能够独立思考，拥有了一定的自由。

欢欣

人生有许多的欢欣，对于我来说，最大的欢欣有两个，一个是有人喜欢我写的东西；一个是有人喜欢我这个人。

快乐

快乐可不可以成为生活的主要追求？是否显得过于低俗，卑微，自私？如果个人的快乐的确是这样的，那么人类的快乐呢？

贪婪

人不可以贪婪，所谓贪婪就是强求自己生命中本来没有的东西。人只有安于自己已有的，不强求自己没份的，才能得到内心的安宁和喜乐。

节制

人对于自己的欲望一定要有所节制，完全不节制的欲望必定带来痛苦和挫折。这一点与激情显然是矛盾的，激情往往是无法节制的。痛苦的可能内在于爱，原因就在于此。

远虑

人无远虑必有近忧，此话可以有具体抽象两个理解。具体层面说的是，人办事要有计划，否则会陷入麻烦；抽象层面说的是，人如果能够多想想远大的事，就可以摆脱近小的忧烦。

一念之间

人的快乐与痛苦其实只在一念之间。多想快乐的事就快乐多，痛苦少；只想快乐的事就全是快乐，没有痛苦。

处女之静

世事喧闹，红尘滚滚，欲闹中取静，何其难哉。像从风尘女子回归处女，回归处女之纯，处女之静。但是只要愿意，只要坚持，也不是全无可能。

阴郁

阴郁的心情像满布雾霾的天空，空气污秽，令人窒息。一旦雾霾来了，人完全束手无策。但是对于阴郁的心情，人却可以有所作为，那就是用灵魂的飓风将阴郁的雾霾一扫而空，使心情的天空重新变得澄澈，碧蓝。

选择

人生最重要的事情是选择：选择自己喜欢做的事；选择自己喜欢交往的人；选择自己喜欢的生活方式。

幸福时刻

人生最幸福的时刻是用自己喜欢的方式享用自己的时间（生

命），只同自己喜欢的人交往，躲开不喜欢的人和不喜欢的事。

圆满

人总在追求圆满。事情要做得圆满，交友要交得圆满，文字要写得圆满。只有在感觉到圆满之时，才会有真正的喜乐。

高尚

世界上高尚的事物并不多见——高尚的生活，高尚的人，高尚的事。所谓高尚，一定是超脱于个人私利的，纯粹的，利他的，为人类和为世界的。

纯净

喜欢让自己的心境常驻纯净之地，无论是对人对事，始终保持澄澈美好的关系和感觉。

简单明了

世界上的事情原本没什么复杂的，吃喝拉撒，男欢女爱而已。不必把事情人为复杂化，单纯地活着就很好。通透的生命必定是简单明了的。

不比较

永远不和别人比较，因为只要比较，就会沮丧，就不会有好心情。既不和别人比才能，也不和别人比成就，更不和别人比运气。自己想怎么生活就怎么生活。

喜爱

做自己喜爱的事，交自己喜爱的人，读自己喜爱的书，享用自己喜爱的生活方式。

欢喜

每当想到余生可以在爱与美当中度过，心中都有莫名的欢喜。

通透

有人活得通透，有人活得纠结。所谓活得通透，就是像个单纯的小动物，用快乐的平静的眼睛看向纷繁的世界，单纯地享用自己存在的这段时间。

充沛

希望情绪总是那么充沛，那么纯粹，那么圆满。以这样的状态度过每一天，度过一生。

负面情绪

尽量不让嫉妒、仇恨、否定这些负面情绪占据自己的心，从那些浅薄无趣的事物上转开眼神，转向深邃美好有趣的事物，让羡慕、热爱、肯定的正面情绪时时充满自己的心，将眼睛永远朝向惊喜和存在的奇迹。

好意

对人心怀好意总是强于心怀恶意。好意容易换回好意；恶意只能换回恶意。

情欲

有时想想，人的情欲其实很可怜，很可笑，纠缠不清，患得患失。其实只是一种小小心思，徒增烦恼而已。

狂欢

愿自己的生命常常处于狂欢之中，一种疯狂的快乐，轻松，通透，无所畏惧，随心所欲，自由自在。

实在

希望过一种实在的生活，而不是虚荣的生活。前者的重点是自身的享用；后者是给别人看的。

奔波

人因为各种琐细的原因在世上奔波，过着表面的生活，而真正惬意的人生是在沉静下来的时候，这才是真正属于自身存在的生活。

沉静

在无论多么喧闹的环境中，都保持内心的沉静。人世汹汹，人声鼎沸，人需要闹中取静，时时回归自己沉静的内心世界，才能得到安宁的人生。

生命力

性欲是人的生命力的表征，性欲强者生命力强；性欲弱者生命力弱。男人更容易承认这一点，女人不容易承认，因为女性的性欲一直是污名化的。

宁愿

宁愿过苦乐参半的生活，不愿过平平淡淡的生活；宁愿大喜大悲，波澜起伏，不愿不甜不苦，波澜不惊。

浓与淡

有人生活浓郁，有人生活寡淡。我喜欢生活的色彩和味道浓郁一些，浓郁主要来自于美与爱。

狂喜

狂喜在性活动中常见，在日常生活中罕见，在人际关系中尤其罕见。

世事

一阵一阵想彻底摆脱世事，只在桃花源中逍遥度日。可是，世事不肯放过我，还要偶尔听一听，看一看，想一想，说一说。

急于求成

任何事都不应急于求成，原因有三：一，欲速则不达，真正做成一件事需要耐心和旷日持久的努力劳作；二，爆发式的成功偏离了事物的真实价值，价值被高估，早晚还会回落到真实价值；三，从虚荣中，人可以得到一时的满足，却不能得到真正的快乐。

修行

所谓修行就是每日检点自己的所思所言，所作所为，摈弃各种污浊杂质，使自己的存在变得清澈、美好。

烦恼

人在生活中会遇到许多琐碎的烦恼——钱不够多，名不够大，长相不够美……尤其跟别人比较时，更加令人烦恼。要想摆脱这些烦恼，唯有以宏观视角鸟瞰人生。

坚忍

人不得不坚忍，如果只是懒洋洋的，随遇而安的，就一事无成。

有趣

世上有趣之人和有趣之事是如此稀少，以致遇到一个就如获至宝。

心情

人能够写出东西的时候，陷入恋爱的时候，是快乐的时候；写不出来和不爱的时候，是痛苦和无聊的时候。人的一生中，痛苦的时候总是多于快乐的时候。

稀少

所谓生活就是苦中作乐，生活的大多数时间，人不是处于肉体的痛苦之中，就是处于精神的痛苦之中，欢乐的时刻是稀少的。

趋乐避苦

人性永远是趋乐避苦的，这一点无可厚非。自找苦吃反而是一种反常的违拗人性的动作，必定有其特殊的原因。

动与静

在生命的前期，以动为主；在生命的后期，以静为主。只做必要的事，只做喜欢的事。

节制

节制是一种优雅的品格，在任何欲望的满足上，都应讲究节制，例如食与色。有节制才能持久，贪婪则不持久；有节制得益，过贪则受损。

灵魂

人有灵魂，是天生要欢笑和痛哭的，是天生要歌唱和沉默的，让情绪自由地宣泄。我想，这是萨冈所说"要过一种卑鄙无耻的生活"的意思。

衰老是习得的

看到一个心理学实验，让一群老人把注意力关注于年轻时代过了一星期，他们的身心都变年轻了许多。那就不要早早让自己衰老呗。

极简

过极简方式的生活。衣食住行仅仅以舒适为限度，绝不追求奢华和奢侈品，因为毫无意义，甚而有害（比如吃得太好）。极简的生活方式能够使精神生活也变得极简（直取核心），甚至使写作风格变得极简。

成就与快乐

人生的成就带来快乐，但是与成就相比，快乐是更值得追求的。在二选一的情况下，选择快乐，不选成就。当然最好不出现这种二选一的局面，快乐伴随成就而来才是好的，快乐成为成就的原因更是最好的。

幸运儿

没有受到教育制度的摧残是我此生最大的幸运。我没有机会被逼迫学习那些不喜欢的东西，我的好奇心和对一些事情真正的兴趣还没有被无情摧残。凡是我读的，都是我自愿的，喜欢的；凡是我做的，都是我自愿的，喜欢的。在这个意义上，我是一个幸运儿。

动力

欲望总是令人心意难平，心潮澎湃。它是人做事的动力，交友的动力，是生命的冲动。但是，不要让无法实现的欲望打扰了人灵魂深处的平静。

标准

幸福的感觉既困难又容易。只是一个标准问题。如果标准高，就很难感觉到幸福，例如要激情之爱，要至美的感觉，要狂喜的感觉等等；如果降低标准，就容易感觉幸福，如知足常乐。

目标

除了快乐，还有什么能够成为生活的目标？它本身又是生活质量的一个证据，一个指标。

滋味

当劳作是快乐，生命就活得有滋有味。

低等动物

如果没有独立的思考，人就跟低等动物没有太大区别。

恶意

用善意的眼光看事物，也许会比原样美好；用恶意的眼光看，也许会比原样丑恶。虽然都有点偏离真实，但是前者为自己带来愉悦，后者为自己带来沮丧。

清明

心应当尽量处于清明状态，不为世间各种事物所扰乱，不为人的各种欲望所缠绕。清明冷静地看待自身，看待人生，看待世界。

笑点

福柯说过，快乐是件困难的事情。看生命总体，看世间万物，快乐的确少见。但是福柯或许是笑点比较高的人，一般人笑点低，快乐对于他们来说也许就不那么困难了。

优雅

优雅的生活中不一定没有痛苦和悲伤，但是不会有卑俗和琐碎。

悬念

喜欢生活中有悬念。如果一切都很笃定，没有变化，生活也挺无味的。

等待

等待是生命中最有趣的状态，因为不知自己期望的事情会不会来到，来到的事情是什么样的，完全不可预知。

娱乐

人除了严肃工作，也可以娱乐一下大众，不必太有罪恶感。比如与读者互动，答疑解难。人毕竟还是社会的人。

横竖

对世事要横看竖看，横看是空间轴，竖看是时间轴。这是两个最主要的维度。

核心

每一个人心目中，自己都是核心，是最主要的关注点，是最重要的价值，是最爱的人，即使贩夫走卒也不例外。

虚度

如果一天没有在心中感受到爱和美，这一天就是虚度。

天天与终身

人生最值得追求的，一是美，一是爱。写作就是追求美；恋爱就是追求爱。天天写作，终身写作；天天恋爱，终身恋爱。

价值

如果有能力帮助别人，影响别人，娱乐别人，可以使自己感到快乐。但真正的快乐，还是在对爱与美的享用当中。

自信

人在某件事情上没有自信，原因是他不懂或不会，如果懂了或会了，就可以有自信。人在生活姿态上没有自信，原因也是没有想透人生的意义，把人生想透，就会有了一些自信。懂得了生命在宇宙中的位置，也就知道该怎样生活了。

气定神闲

在惊涛骇浪面前，保持气定神闲。能够做到需要几个因素：一是经历过更严峻的事；一是对自己立场的自信；一是良好的心理素质。缺一不可。

伟大与渺小

伟大的人与渺小的人的区别在于，伟大的人关注大事，渺小的人关注小事，前者是指国家之事，社会之事，后者是身边琐事。

深处

一切表面的热闹和风光都只是生活的外壳，真正的生命在灵魂的深处。

舒适

身体的舒适是个不高的要求，但是并不容易达到。身体完全没有任何病痛，既不太冷也不太热，既不太饱也不太饿，既不太劳累也不太慵懒，看似简单，却并不容易做到。

平庸

平庸是大量的，超凡脱俗永远是凤毛麟角，所以有时人不得不安于平庸，比如看看肥皂剧、侦探小说，打打麻将，否则，闲暇的时间如何度过呢？

向往

在忙乱的日子，心中总是怅然若失。因为只有静心独处，独自写作的日子，才是我心中最向往的生活。

烦恼

人只要活在现实当中，就有无尽的烦恼：物质上的烦恼，人际关系的烦恼，精神上的烦恼。唯有尽量取出世的态度，才能消除这些烦恼。

惨淡

很年轻时，看到鲁迅名言"真的猛士敢于直面惨淡的人生"，对"惨淡"一词颇觉惊悚：人生怎会惨淡呢？步入晚年时才知道，哪有不惨淡的人生？

质量

遵循采蜜哲学，人就要对生活质量斤斤计较，衣食住行都不可掉以轻心。当然，计较的并非奢华，而是舒适。生活的基调是返璞归真。

定力

生活中总会遭遇痛苦和烦恼，要能够使自己从其中转过脸去，不仅需要下决心，而且需要有定力。

我行我素

人生不如意事常八九，涉世越深越久，越知此言不虚。人们有各种各样的活法，各种各样的想法，永远是众口难调，永远是莫衷一是，如果陷入其中，将永无宁日。所以，我行我素是最好的选择。

心想

幸福的感觉往往只在一念之间：想着麻烦的事，生活就是麻烦的；想着痛苦的事，生活就是痛苦的；想着快乐的事，生活就是快乐的；想着幸福的事，生活就是幸福的。

纯粹

要想过上纯粹的生活，就要凡事不理，什么事都是春风过驴耳，不往心里去。让所有占据心灵和空间的都是最美好最纯粹的事情，纯粹的美和纯粹的爱。

千头万绪

一个社会，永远是千头万绪的，想什么的都有，说什么的都有，做什么的都有，自己只撷取自己心目中最看重的价值。对于我来说，就是美与爱。

套用某人句式

生命是有限的，美与爱是无限的。愿将有限的生命投入到对美与爱无限的追求中去。

虚荣

虚荣心所驱使人做的都是既无实质意义又无趣的事情。虚荣心是人浅薄的一面。

效率

当人做事有效率时，生命就没有虚度。人害怕生命的虚度，就像害怕死亡。因为当生命白白流逝时，跟慢慢死去没有什么区别。

核

心中应有一个笃定的核。这个核就是真实。真实地生活，真实地体验，真实地感受。自信来自真实。

信息

每天，海量的信息纷至沓来，要守住内心的核，冷静地分析，保持沉静的内心状态。

出名

对于出名一定要有清醒的看法。一是要清醒认识到，它是相对的，永远有人比你更强；二是绝不能刻意追求；三是时间的计量单位不应当以几十年为单位，应当以百年、千年、万年、亿年为单位。只要这样想，人会立即清醒，对出名变得毫不在意。

名望

对待名望这个东西，最佳态度是守株待兔，而不是主动猎取。因为如果有兔子，它才会来，不是你的兔子，主动去狩猎只会把它吓跑。

欢快而郑重

喜欢欢快而郑重的人生态度，欢快不是轻浮，郑重不是滞重。

纯化

让灵魂纯化再纯化，这是一个刻意追求的过程。有时仿佛能够真切地感觉到这个过程：在某一刻，眼神从浑浊变得清澈，灵魂从浑浊变得清澈，愉悦感随之缓缓升起。

虚名浮利

不应为任何虚名浮利所动。它们不仅与人的实际高度无关，而且与人的生活质量无关，即与人生的快乐无关。

虚与实

活得越久越悟到一个道理：钱权名这类东西都是虚的，自己的感觉才是实的。前者只能给人带来虚荣，后者才是值得认真对待的。

一劳永逸

下一个决心，除了爱与美在生活中不去刻意追求任何其他的东西，这是把自己从牢笼中一劳永逸地解放出来的办法。

泡沫

人要保持清明的心境，需要拒绝各种各样的诱惑，主要是来自名和利方面的诱惑，专注于在做的事情，也就是专注于生活本身，存在本身。存在是深水，名利是水面的泡沫。

本色

不知道别人怎样生活，也不关心别人怎样生活，只按照自己的本色生活，做自己最喜欢做的事，做自己最喜欢做的人。

气定神闲

世事纷乱，希望能够闹中取静，气定神闲。还是采蜜哲学，只采撷环境中的一点点精华，其他的随他去。这精华包括生存必需品、人际关系和精神产品三个方面的极品。

美与丑

世间有多少美就有多少丑，尽量将注意力集中到美的事情上，避开丑恶平庸和无聊。

快活

在每日的生活中，最重要的质量指标就是快乐程度。如果能够感觉到快活，生活才有质量；快活程度越高，生活质量越高。

远离痛苦

要用远离痛苦直取核心的策略对待生活，就是尽量摆脱所有的烦心事，不快事，直接摘取那些最美好的事物。所谓美好只有一个标准，那就是自己喜欢的事物，能给自己带来快乐的事物。

矫饰与虚荣

矫饰与虚荣只关注外表，不关注内心。金玉其外败絮其中。不会给人带来真正的快乐。

抽象与具象

具象的生活给人带来实在的快乐；抽象的生活给人带来虚幻的快乐。人生中二者缺一不可。岁数越大，抽象的成分越重。

心中的愉悦

我的生活中目前只有两个内容，或两个追求，那就是爱与美。每当想到这样充满爱与美的生活也许还有好几十年，心中的愉悦无与伦比。

度日

随着心情的不同，有时度日如年，有时度日如秒。前者是由空无所致，后者则来自人生的短暂。

闹与静

周边的环境越闹，内心就越向往着静。热闹只是泡沫，生命的本质在水的深处，完全是宁静的。

软与硬

人在应对外部世界时需要硬，在自己的熟人圈才会软。而这种柔软的感觉是不可或缺的。

纯

喜欢纯纯的思想，纯纯的情绪，纯纯的爱，纯纯的眼神。只要掺杂了复杂的想法和成分，就不再给人带来快乐。

径直

人的一生何其短暂，应径直摘取其中最美好最真切的东西，那就是爱与美的感受。

极端

有人喜欢极端，有人喜欢中间。前者是大起大落，大开大合，大苦大悲，大喜大乐；后者是中和，平和，平淡，乏味。

人是哪一种不是完全由自己决定的，有性格使然，但也有故意选择的成分。

安详

喜欢轻松安详的生活态度，永远不慌不忙，平平静静，快快乐乐地生活，对世间的喧闹取冷眼旁观完全不动心的态度。

财务自由

不知何时出现了这个词。财务自由指的是日常用度不再需要精心算计，捉襟见肘。可以按照自己愿望随意消费，但并不奢侈，没有炫耀动机。

深处

真正的快乐来自内心深处。它不会来自与他人的比较，不会来自物质的丰盈，它只会来自精神领域对美与爱的感悟。

独立

独立是人生最重要的价值，经济独立，思想独立，情感独立，全都不依赖于他人，所有的身外之物全都只是出于自己的选择。

日子

有的人的日子是挨过去的——患抑郁症的人；穷极无聊的人，无趣呆板的人；有的人的日子却是欢歌和舞步——陷入爱情的人，创造美的人，时时意识到存在的人。

娱乐与严肃

在娱乐与严肃之间，我总是趋向于严肃。在这个娱乐至死的年代，我的内心倾向于不合时宜的严肃思考。

自己过

人的生命终究还是要自己来过，无论喜怒哀乐悲欢离合，还是以自己的感受为主。不依赖任何人，不纠缠任何关系，专注地过好自己的人生。

锦上添花

人如果陷在雪中送炭的境地，就活得不成功，不自由。只有活到一切都只是锦上添花的境地，才活得成功，才是自由人。

无聊

极少人可以摆脱叔本华所说的痛苦和无聊的状态，人生就在这两种状态中永恒地摆来摆去。偶尔能摆脱的时刻只是创造的时刻，体会到美与爱的时刻。

心静

要获得内心的平静，需要修炼。世间的诱惑纷至沓来，唯有不间断的修行，才能使心得到宁静。

贬低激情

原来很不理解为什么古希腊大哲人会贬低激情，激情难道不是非常美好且难得的吗？我想他们一定是认为激情属于非理性状态，令人失去了正常的理智、中庸的态度。

珍惜

珍惜自己每一天的生活，每一天的心情，这才是最重要的，要让自己的每一天过得快乐，要让自己的每一天心情愉悦。其他的事情说到底与自己只有抽象的关系，没有具体的关系。

恬静

喜欢恬静的生活，其中包括家居环境的恬静，人际关系的恬静，内心世界的恬静。

独处

独处是最有效率的生活方式，最舒适的生活方式，最少困扰的生活方式，也是最容易得到快乐与平静心境的生活方式。

丑恶

只要有利益之心掺入，事情就会变得丑恶。所以世上美好之物都是远离现实利益的。

美与丑

世间事物明显分为美与丑两类，选择美，避开丑，非美勿视，非美勿闻，非美勿听，非美勿动。

陶醉

人若能陶醉于某事当中，是最佳生存状态：陶醉于写作中，陶醉于美景中，陶醉于美中，陶醉于爱中。

沉浸

愿意沉浸在爱与美之中，享受每一个日子。尽管明知一切只在想象之中，尽管明知一切终将逝去，消失得无影无踪。

厌倦

人活得久了会感到厌倦，仿佛厌倦了一切。有点担心，如果到了对美与爱也厌倦的时候，该如何生存。

要务

应当不断祛除心中负面的情绪，增加正面的情绪，祛除各种琐碎的烦恼和不快，让自己在尽量多的时间保持平静和愉悦。这应当是每天修行的要务。

需求

人活着真正需求的东西并不很多，衣食住行外加一些好书好电影而已。世上许多的需求都是资本为了赚钱制造出来的，所以，对奢侈品的需求不是人的需求，是资本的需求。

简单

人应当过简单的生活，简单的衣食住行，简单的人际关系，纯净的精神生活。奢华不会给人真正的快乐；复杂只会给人带来烦恼。

谦逊

谦逊不是妄自菲薄，谦逊来自宽阔的眼界——看到过比自己更好的；来自宽阔的胸怀——能容纳比自己更好的；来自超脱的心境——即使自己已经很好了，也没什么太值得夸耀的。

虚与实

人的生活越远离虚荣，就越进入实在；越远离表皮，就越进入内核；越远离虚，就越进入实。

浮华

尽量远离所有浮华的东西，它们只是海浪撞击岩石时泛起的泡沫而已。看上去热热闹闹，其实是肤浅、丑陋和空洞的。

真情实感

所有的虚荣都不值得追求，无论是表面风光内里空虚，还是表面快乐内心痛苦，都远远比不上实话实说，真情实感。

有的和要的

你所拥有的就是你要的。你有快乐，是你要的；你有痛苦，是你要的；你有精彩，是你要的；你有平庸，是你要的。

目的

凡是目的明确去做的事情，都是比较无趣的事情；凡是没有明确目的只凭内心冲动去做的事情，都是比较有趣的事情。后者比前者给人带来更多的快乐和惊喜。

生命与美

能够让生命深深浸淫在美之中，是一种幸运，也是唯一值得一过的人生。

享受

人生是用来享受的，不是忍受的。只要有了忍受的感觉，就迷失了生活的方向。应当把忍受重新变成享受。

激情

人要保持人生的激情并不容易，激情是生命力最直接的指标。像福柯那样将爱的激情保持终身，像木心那样把创作的激情保持终身。

简单

人活在简单的心境中是最好的，简单的期盼，简单的享用，简单的满足，简单的欢乐。

心

一个人的心有多么大，他的世界就有多么大。如果他的心有宇宙那么大，他游走的世界就有宇宙那么大；如果他的心只在周边方寸之地，他的活动空间也就只有那么一点点。

使命

有人在解释自己的所作所为时喜欢说使命，其实没有人在这个世界上有任何先赋的使命。你所做的一切，不好的都是不得不做的，好的都是出于自由的选择。

宽厚

一个有涵养的人，一定是宽厚的。没有什么事情能够令他气急败坏。沉着是自信的表现。

掌控

人最应掌控的不是权力，而是自我，应当绝对掌控自己的情绪，自己的想法，自己对事物的判断，自己的自我。

生活目的

对生活目的最有趣的一个说法是：生活的目的就是死。其实，死不是生活的目的，而是生活的目的地。生活的目的就太多了，都是每个人自己订立的。

归宿

热闹只是生活的泡沫，安静才是归宿；游动是徒劳的，静止才是归宿；所有的关系都是外在的，孤独才是归宿。

自嘲

有自嘲精神的人才活得更接近真实，因为人的很多冲动、很多想法都是可笑的，从造物的角度看，人整个的生命都是可笑的。人如果不知道自嘲，在他人眼中就更加可笑。

郑重其事

喜欢郑重其事地做事；喜欢郑重其事地做人；喜欢郑重其事的人。其实知道，从宏观的角度看，所有的郑重其事都有点可笑。

诱惑

能够拼尽全力抵抗诱惑，才能摆脱对虚名浮利的追逐，真正沉下心来，做自己真心喜欢的事情，过自己心向往之的生活。

不贪

不可贪婪，无论是金钱还是享乐，都应当适可而止，过犹不及。人如果对物质过于贪婪，就会糟蹋了对物质的好感觉。就像贪酒会醉一样。

斤斤计较

人对他人的评价绝不应斤斤计较，如果斤斤计较，就会常常处于不快的境地；如果一切听其自然，就会常常处于平和甚而愉悦的状态。

飞翔

人总是幻想飞翔，即使在肉身上无法飞翔，还是向往让灵魂飞翔。所谓飞翔就是一种自由自在随心所欲的境界。

冷与暖

人在理性中活得清楚明白，但是偏冷，偏硬；人在非理性中活得痴迷，但是偏暖，偏软。

惊艳

世间能令人感到惊艳的事物不多，多数事物都是平庸的，甚至是丑陋的。令人惊艳的有美貌，有给人带来极大审美快感的音乐美术文学艺术作品，有珍稀的自然风景。

徒增烦恼

嫉妒只是徒增烦恼的事情。看到比自己更有钱更有权和更有名的人，人难免心中不安，有相对剥夺感，但应当对此安之若素，否则只是徒增烦恼而已。

美丽

世上美丽的事物不多：在自然中，美景不多，美人不多；在人工产品中，美丽的音乐美术文学作品不多。一旦遇到，好好享用，愉悦身心。

冲动

对某事有冲动是人们做事的动力。大多数人只对维生的基本需求有冲动，少数人对维生需求之外的事情有冲动。前者是低级的冲动；后者是高级的冲动。前者导致低质量的生活；后者成就高质量的生活。

敏感

敏感的人常常会比常人痛苦得多。一个补偿是当遇到美好事物时，他也会比常人快乐得多。

认真

认真生活，郑重对待自己的生命。只有这样，才对得起自己。

苦乐

人们只看到成功，没有看到成功的人在做成功的事情中所经历的苦与乐。

权威

成为某一领域的权威感觉很好。一方面感觉到激情和权力感；另一方面感觉到欣慰和满足感。

更饿的狼

人追求成就，就像狼追逐兔子，偶尔能追到，多数时间追不到。那些追到了兔子的狼大都比较强壮，比较聪明，比较幸运。那些比别的狼更饿的狼成功几率更大，因为它比别的狼抓兔子的动力更强大，更迫切，也更执着。

无求

人无求于人，才能与他人平等相处；人无求于世，才能随心所欲，自由自在。

良心

研究者与实践者是两类人，两种选择。前者在社会变迁中有点像旁观者，有时甚至会感到良心不安，因为实践者做出了更多的个人牺牲。然而，并不是每个人都适合做实践者，而研究者也可以用他的研究来抚慰自己的良心。

清澈见底

偏爱一切清澈见底的东西：清澈见底的海水；清澈见底的思想；清澈见底的眼神；清澈见底的灵魂。

少而精

聪明人在世间不要多而滥，而专取少而精。世间的诱惑太多，不要捡了芝麻丢了西瓜。芝麻是别人喜欢的东西，西瓜是自己真心喜欢的人和事。

以不变应万变

世间事瞬息万变，人们的想法策划层出不穷，自己内心应有定力，该做什么做什么，喜欢做什么做什么，以不变应万变。

身体

身体是一架精巧的机器，所有的部件都不能有分毫差错，还要不断保养（营养，锻炼），否则很容易出错。而无论怎样精心养护，它最终还是会磨损，停转，分崩离析。

锤炼

人的灵魂并不会天生清澈，纯粹，需要不断锤炼。就像用一柄锤子不断敲打烧得通红的铁，最后才能铸成一柄像模像样的剑。日常的修炼、反省就是对灵魂的锤炼，祛除杂质，令灵魂变得纯粹。

丰富

灵魂的丰富与否既有先天因素，也有后天因素。先天的善感与后天的修养缺一不可。

减法

约一位朋友做一件事，她婉拒，理由是：我的生活在做减法。此话当时是第一次听到，后来，听到此话的频率越来越高，越来越感到此话的魅力：高质量的生活一定是做减法的，最高目标应当是梭罗的瓦尔登湖。

宅

宅在家里哪也不去才是最终生活方式和最佳生活方式。为生计的奔忙自不必说，即使是外出游玩也不得不忍受很多不喜欢不舒适的经历，远不如宅在家中身体的舒适和精神的愉悦。一动不如一静。应当尽可能过一动不动的生活。

端正

古人云：一日三省吾身。人对生活应当有端正的态度，为善而不为恶，纯正，善良，不搞阴谋诡计，不害人，不自私。这样做人做事，才能坦坦荡荡，问心无愧。

无奈之举

有时，人使用宏观视角是无奈之举，不如此无法排解世俗生活中的烦闷和痛苦，不如此无法获得轻松平和的心境。

依赖

人生在世最重要的是要独立支撑，在物质上独立支撑，在精神上也要独立支撑；在物质上依赖人就无法自由呼吸，在精神上依赖人就无法随心所欲。

自己过

每个人的生活归根结底还是要自己来过。别人分为三类，一类给自己带来意外的快乐；一类给自己带来意外的痛苦；还有一类与自己无关，不发生任何交集。无论是哪种人，他们每个人过的都是以自己为中心的生活。

愤世嫉俗

经常能看到许多愤世嫉俗的言论，应当尽自己的力量，能改善多少改善多少，否则，愤世嫉俗的唯一功能是把自己的心情搞坏，如果传播出去，把别人的心情也搞坏。

彻底与纯粹

人的思考必须是彻底和纯粹的。事情想透才能得到平静，才能获得勇气；心境纯粹才能得到喜乐，才能超脱凡俗。

兴奋

当倦怠占据了生命，死亡就渐渐临近。应当尽量保持自己对于某些事的兴奋，保持得越久越好。

高雅

人能够有高雅的生活在很大程度上取决于自己的选择。先要有追求高雅的想法，后要有过高雅生活的实践。

狂欢

有的人的狂欢是自驾游，极限运动；我的狂欢是写作和观影。

有趣

世间最有趣的活动还是在室内一个人独自经历的，比如写作，读书，观影。唯一的例外是与灵魂朋友的交流。

强烈

强烈是生命的色彩。许多目标是内心冲动强烈才能达到的；许多事情是内心冲动强烈才能做成的；许多关系是内心冲动强烈才会建立的。

独立支撑

人在世上安身立命的首要之点在于独立支撑。在物质生活上要能够供养自己，经济独立；在精神生活上也要独立支撑，不可依赖任何人，无论是他人的评价，他人的喜爱，还是他人的情感。

不可预期

人对某事的内心冲动是不可预期的，有就是有，无就是无，先有后无也是无可奈何的事情，只能听天由命。写作就是一个例子。

擅长

应当做自己最擅长的事，最喜欢的事，事半功倍；如果做自己不擅长的事，不喜欢的事，则事倍功半。

保持

如果想保持生活质量，就要保持对生活的激情，保持追求爱与美的激情。

节奏

掌握自己生命的节奏，该快时快，该慢时慢，该繁时繁，该简时简。

世俗

世俗的一切是那么平淡无奇，所有人都过着平淡无奇的生活。偶尔做出一件惊世骇俗的事情，感觉还是挺淘气的。

平淡

生活就是一个从好奇走向平淡的过程。儿时对世间一切都存好奇之心，后来一切都了然于胸，于是变得平淡。

自甘坠落

如果总是把自己的生活、自己的情绪寄托于他人，就是最糟糕的自甘坠落。不一定是堕落，但肯定是坠落，是从一个独立支撑的人格的坠落。

瓦尔登湖

瓦尔登湖是一种生活方式的象征。梭罗的自耕自食，亲近自然，独自思考写作的生活，是一种对人的生存状态做彻底思考的生活。他的书名直译是："瓦尔登湖，或，森林中的生活"。

端正

要经常端正自己的心，使得它尽可能地趋向于纯正、清澈，祛除杂念，指向美与爱。

宝贝

世间的美好是无穷无尽的，可又是极其罕见的，无论是美好的艺术品、美好的爱情，都是极为少见的，所以一旦见到，就像捡到了宝贝。

三类激情

人内心的激情有三个来源，一个是来自身体的激情，生理类的；一个是来自心的激情，情感类的；一个是来自脑的激情，思想类的。

认真

人的生活态度分为两种：一种对一切都很认真；另一种对一切都不认真。前者入世深；后者入世浅。

享用生命

有人视生命为一服苦药，有人视生命为一罐蜜糖。我是后者，生命是用来享用的，不是用来煎熬的。

纯粹

无论是写作还是生活，最喜欢的品质就是纯粹。无论是情感还是理智，唯有纯粹的才是好的，才是真正吸引人的。

从容淡定

一定要有从容淡定的心态。世间的一切都不值得让人心急如焚，只要常存出世之心，有俯瞰人生的视角，就没有任何事会令人痛心疾首。

挣扎

人生常常会陷入挣扎的境地，典型的例子是患病时，人在病痛的苦海中挣扎，仅仅希望把头露出水面，吸口气，免得窒息；另一个例子是贫困，人在温饱线上挣扎，仅仅希望维持生存，免于冻饿而死。

欲望

人的欲望应当适度满足，完全禁欲是错的，毫无节制也是错的。在艾滋病时代，还有一个安全的问题。

一言不发

人可以选择一言不发，出于厌倦，出于无效，出于超脱。终于有了超脱一切专注于享受人生的愿望。

脆弱

人体是如此脆弱的一个东西，温度高几度低几度就马上无法适应，要让身体处于一点病痛没有的状态，都要竭尽全力，小心翼翼。从这个角度看，人活着，病痛和烦恼是基调，快乐是偶尔的短暂的超脱。

粗俗

很多人是粗俗的，过着粗俗的生活，享用粗俗的关系，说着粗俗的话，做着粗俗的事。只有少数人是精致的。

纯净

愿意让自己的心情纯净，让自己的生活纯净，让自己的思绪纯净，让自己的一言一行纯净无比。

特色

每个人身上最有趣的地方是他与众不同的特色。一个没有特色的人是沉闷的人，无趣的人，不值得交往的人。

快乐与幸福

快乐短暂，幸福绵长；快乐活跃，幸福宁静；快乐肤浅，幸福深沉；快乐轻盈，幸福厚重。

不看

可以选择性地观看，不看所有丑陋的猥琐的，只看美好的高尚的。这样做，受益的是自己的心情。所以我从来不看电视上关于家长里短的节目。

禁欲与纵欲

禁欲好还是纵欲好呢？欲望的压抑可以升华至文学艺术领域，成为创作的冲动，但是合理的人生应当是实现欲望满足需求的人生。禁欲是痛苦的，纵欲是快乐的。前者是悲观主义的选择，后者是乐观主义的选择。

抱负

人的抱负超过他的能力，必定带来痛苦；人的抱负低于他的能力，有可能带来意外的惊喜。

享乐主义

在参透人生之无意义之后，最佳选择只能是享乐主义的，即充分享受这个无意义人生的每一时刻，快乐最大化，痛苦最小化。除此之外，还有什么是可做的？还有什么是值得一做的呢？

外在

外在的东西的诱惑终究是有限的，无论是美丽的街道、建筑，还是瑰丽的自然风景。只有内在的感受、痛苦与快乐才无限地吸引着人的好奇心。

肉体

人的肉体和精神之间有千丝万缕的联系。如果一个人觉得自己老了，他就不会再陷入恋爱；如果一个人觉得自己丑了，他就不会再去与人比美；如果一个人对某物上瘾，他就需要更强烈的刺激；如果一个人身体不适，他的精神也会随之萎靡。

单纯快乐

人可不可以将单纯的快乐设定为人生的目标呢？完全可以。

快乐最大化

快乐最大化并不是穷奢极欲，而是让自己生活的大多数时间是快乐的，肉体是舒适的，精神是愉悦的，尽量缩小病痛压抑烦恼所占用的生命时间。

黯淡

常常感到，生命是黯淡的，其中没有多少快乐，多少精彩，只有一点外表的热闹。

《小窗幽记》

读《小窗幽记》，发现古人最纠结的话题是出世与入世。

它牵涉抽象与具象，理想与现实，高雅与鄙俗，空无与实在。对于没有信仰的人群，这是人生两个最终的选项。

沉静

还是喜欢沉静的生活。独自思考，独自写作，独自读书，独自享受。内心强大而圆满。

晴朗

让心情晴朗的办法，唯有常常只把快乐的事情留在心中，把麻烦的事、讨嫌的事、伤心的事、痛苦的事通通屏蔽掉。

不可或缺

生活中的诗意是不可或缺的，否则，如此漫长沉闷的生活如何忍耐？

间色

世上没有非黑即白的事，所有人都是间色。如果不能容忍间色，就无法容忍任何人。水至清则无鱼就是这个道理。

超脱

真正的超脱并不容易，出了书就会纠结销量，焦虑评价。但超脱才是摆脱焦虑的唯一办法，只是需要相当大的功力而已。

专注的人生

在纷乱繁杂的俗世专注于自己所喜爱的事情，过一种专注的人生。

残缺之美

与所有事情都圆满所有愿望都实现相比，人生有着难以实现的愿望反倒有种残缺之美，使得生命似乎有了一个方向。

嫉妒

嫉妒有两类，一类是嫉妒他人的才能，另一类来自爱情的独占心理。嫉妒是晦暗的，苦涩的。许多人的才能高于自己，与其嫉妒，不如欣赏，就像欣赏美丽的花朵——嫉妒像乞讨，欣赏像施舍。人如果无法得到爱，独占某人的爱，与其嫉妒，不如去爱对方——嫉妒像乞讨，去爱像施舍。

心情

对美与爱的追求带来快乐和清澈的心情；对名利的追求却常常带来痛苦和浑浊的心情。

贪婪

人不可以贪婪，过犹不及。适度是人处世的黄金律。

自由自在

在财务自由之后，人才能够真正随心所欲地生活。想做什么做什么，不想做什么不做什么。当然，也可以完全无所事事，虚掷光阴。只是舍不得这样对待自己原本不太长的生命。

看重

人应当看重的是愉悦的，纯粹的，高尚的；人应当看轻的是痛苦的，芜杂的，琐碎的。

主动

不应对自己的情绪放任自流，而应当随时掌控，使之达到清醒明净的状态。一个严格的标准就是只选择愉悦的平静的情绪，删除痛苦的烦躁的情绪，即使无非完全屏蔽，也应当在最短时间内删除。

眼睛

让眼睛仅仅盯住美好的东西；让生命仅仅关注美好的人和事。只有这样，心情才能愉悦，生活才能美好。

现世

中国人的情怀从来是现世的，喜怒哀乐，悲欢离合，全是现世的。极少抽象思维，极少仰望星空。活得踏踏实实，死得安安静静。

量力

人应当只做自己内心冲动强烈的事，只做自己能够胜任愉快的事。如果做自己勉为其难的事，即使做出来，也会有不自然的用力过度的痕迹。

懒洋洋

向往一种懒洋洋的生活节奏而不可得。生活节奏是从很小的时候就被训练而成的。我的节奏永远是快速的，简洁的，直截了当的，而不是慵懒的，复杂的，拖泥带水的。

苦难

人生在世，苦难居多，生老病死是苦，七灾八难是苦，欢乐如此稀少，一旦得到，须倍加珍爱。

不如意事常八九

年幼时觉得人生如意事居多，快乐居多，幸福居多；阅人阅世之后，才得知，不如意事常八九并非虚妄之言，痛苦占压倒优势，快乐十不存一，稍纵即逝。

梭罗

梭罗的生活方式在世界进入现代之后看，已经显得匪夷所思，不着边际，但作为一种哲学，还是发人深省的。它的一个最有价值的提问在于，人类应不应该仅仅满足生活必需，不去生产、消费和追逐奢侈品。

生活

梭罗到瓦尔登湖自耕自食，意思是想将生活中的一切矫饰、奢侈品消费剥去，回到最基本的需求，他发现过最简朴的生活一年只需要工作三四十天，其余时间可以全部用于哲学的冥想和写作。他认为这样的生活才是真正的生活。

六天与一天

梭罗倡导简朴生活，只维持在满足基本需求水平，并计算出，人其实不须工作六天休息一天，而是反过来，工作一天就足够了，其他六天可以享受生活。

记忆

梭罗之所以被人们记忆，不仅因为他是文学家、哲学家和诗人，还因为他倡导的生活方式，一种前现代的不进入商品交易的仅仅生产和消费生活必需品的简朴生活方式，连房子都自己建（花了几十美元）。可惜，现代化过程已经实现了。在进入后现代时期之后，会不会出现否定之否定呢？

快乐作为人生价值

快乐是人生中最值得追求的价值，其他价值都是次要的。"对快乐的追求"提供了最正面的生活目标，最简洁的人生观，最容易被大多数人接受的生命哲学。在阅尽人间所有价值之后，才发现最值得追求的价值是快乐，也许是唯一值得追求的价值。

物质

人活着，所需的物质极其有限，温饱而已。所有超出简单需求的物质都是没有必要的，也是没有吸引力的，并不能给人带来快乐，或许还带来不适。所以只选择使得身体舒适的物质就可以了。

身外之物

只有此时此刻的快乐心情真正属于自己，其他的一切都是身外之物。

孤独

梭罗虽然过着形只影单的生活，但从未感到孤独。其一，人与人之间的交往不一定要见面；其二，即使在人群中，人仍旧是孤独的。孤独是人生最自然的生存状态，也是最舒适的生存状态，而且是最多思多产的生存状态。

常态与非常态

生活中，孤独是常态，热闹是非常态；独处是常态，与人交流是非常态；静是常态，动是非常态；苦是常态，甜是非常态。

源泉

成功可以给人享受的感觉，但更重要的是在生活中找到快乐，真正发自内心的快乐。爱和美是快乐的两个源泉。

自足

一个完美的人生必须是自足的，在物质上不依赖任何人；在关系上不依赖任何人；在精神上也不依赖任何人。只有自足的人才是人格完整的人，才是快乐的人。否则只能是人格残缺的人，痛苦烦恼的人。

惊世骇俗

人不应害怕惊世骇俗。能够完全地随心所欲我行我素是人生的高境界。害怕惊世骇俗就不能免俗，入乡随俗就只能是个俗人。

英雄气概

人应当有点英雄气概。在我心目中，所谓英雄气概就是超脱于儿女情长之外的冲动和胸襟。

喧嚣

红尘滚滚，世事喧嚣。人一定要设法避开喧嚣，才能有所成就。

名利

人总是难以抗拒来自名利的诱惑，难以抗拒其中的比较、计算和烦恼。摆脱糟糕心情的办法唯有将名利看淡，看透。

清醒

在任何情况下保持清醒头脑，无论是成功还是失败时，无论是顺境还是逆境中，无论是快乐还是痛苦。

动与静

人们大都喜欢动，喜欢热闹，喜欢成功，喜欢虚荣；而真正有趣的和有成效的生活是静的，是默不作声，是销声匿迹，是在一个安静的地方静静地享受自己的有生之年。与外界的联系只是作者与读者的关系。

外表与实质

在世上活得越久，就越看清生活的外表与实质的区别。会愿意躲开所有的外表，沉溺于实质。而生活的实质是极其简朴的，极其单纯的，就像梭罗在瓦尔登湖的生活。

角落

每个人都只是活在世界的一个小小角落。有的人被比较多的人知道，有的人只有周边的人知道他的存在。如果能为更多的人带来美与快乐，当然很惬意，但是细想，知道的人多点又怎样？知道的人少点又怎样？

偏向

在严肃和喧闹之间，我总是偏向于严肃。

圈子

看到关于圈子的报道，总是感觉心里不干净，有点鬼祟龌龊的感觉。让心里干净的还是梭罗和他的瓦尔登湖。

价值

人的价值要看他做成的事，而不是他天生赋有的东西，比如他生在哪个阶层，属于哪个圈子。

耗费

人终其一生能够耗费的物质少得可怜，即使是巨富，他能够耗费的物质比赤贫者也多不了多少。正是因为想清楚了这个，很多巨富取极简生活方式；正是因为没想清楚，一些愚蠢的人才炫富，大买奢侈品。

区别

每个人的一生都是吃喝拉撒睡，一天又一天，一年又一年，大同小异。有的人比他人精彩一些，热闹一些，大多数人默默无闻，但是二者区别实在没什么大不了的。真正与己有关的，还是自己的心情。

踟蹰

人在人生的路上踟蹰前行，没有方向，没有目标，只有所经过处，满目疮痍。心情之寂寞孤独，无以复加。

年轻与年老

人年轻时，感觉路漫漫其修远，吾将上下而求索，对一切怀好奇，苦于参不透，道理弄不明白，一心探索真理；岁数渐长，就到了为人答疑解难的阶段，一切了然于胸，处于开悟状态。

多数与少数

多数人活一回只有动物性的内容，吃喝排泄生育行走，觅食与享用；少数人在生物性的活着之外，还有一些精神活动。

空白

有时脑子里会一片空白，生活中也会一片空白。破解之法就是去做最有趣的事，比如看侦探小说和悬疑电影。

时间

时间像海绵里的水，靠狠心挤掉所有质量较差的人和事，书和电影，只留下高质量的人和事，书和电影。

丑恶

世间满眼都是丑恶，美好的东西不多。要想活得有质量，唯有避开丑恶盯住美好而已。

着急

人为某事着急，必定是来自微观，只要将心思放到宏观（俯瞰宇宙人生），就完全没有什么事是值得着急的，一切都可有可无，不在话下。

差别

人的吃喝拉撒衣食住行全都是千篇一律大同小异的，真正的差别只在灵魂的质地。

计较

人不应计较成败得失，这种计较最损害人的情绪。如果考虑到运气的因素，计较与否更无意义。尽人事以听天命是最佳选择。价格总是最终回归价值，无论曾经被高估还是低估。

动与静

每当在外奔波，内心就强烈向往回归内心，回到孤独、寂寞、内省的生活。外在的生活不是生活，只是表演生活而已；内在的生活才是人真正经历的生活，是生活本身。

擅长

人只能做他最擅长的事，避开不擅长的事。做擅长的事容易成功，做不擅长的事不容易成功；做擅长的事快乐，做不擅长的事痛苦。

出游

终于厌倦了出游。世界上美丽的景色很多，没有必要一一亲临观赏。想今后的生活，将以静为主，摈弃各种各样的活动和出游。

人生目标

快乐可否成为人生的主要目标？在明知生命无意义之后，除了快乐还有什么能够成为人生的目标？

平静与快乐

平静与快乐相比，哪个高，哪个低？有人说，快乐是较低目标，平静才是更高目标。而我却认为，平静的境界比较容易达到，快乐的境界才不容易达到。

特权

可以在一定程度上摆脱世俗的事务是哲学家的特权。梭罗每周有六天时间可以摆脱谋生劳作，这是他为自己创造的特权。

世俗

永远不要让自己的心思关注世俗之事，能躲多远躲多远。只要关注，就有烦恼。

仪式

所有的仪式都有可笑的因子。无论是婚丧嫁娶的仪式，还是阅兵式。所有表演性质的东西都是这样。

游戏

应以游戏态度对待人生。因人生之最终无意义，若不游戏，何以为生？恋爱则是人生游戏中最有趣的游戏。写作次之。其余的就都是电脑游戏的等值物了。

诚实

诚实地思考，诚实地写作，诚实地交友。也许不够精彩，但是心里会是踏踏实实的。

厌倦

除了恋爱和写作，已经几乎厌倦了一切。可以加上读书和观影，但是希望祛除所有的尘世交往。

高兴

有烦恼的事，有高兴的事。愿每天只想高兴的事，活得兴高采烈。

慢节奏

过慢节奏的生活不是过懒散的生活。重点是心情的舒缓和从容。是从容享受生活的感觉，而不是浪费光阴混吃等死的感觉。

弃虚求实

所谓参透就是能够弃虚求实。在年轻的时候，容易受到各种虚名浮利的诱惑，比如出国。到年纪大了才明白，重要的不是在哪里生活，而是生活的内容。

悲悯

人对世人当有悲悯之心，虽然他们是陌生人，我不知道他们的存在，他们也不知道我的存在。物伤其类的那种悲悯。

混乱

世事繁杂混乱，须常常静止下来，让浑水沉淀，使心情澄澈。

有趣

这个世界上，有趣的人不多，有趣的事不多，绝大多数的人是乏味的，绝大多数的事是烦闷的。

忍受与享受

人生中大多数时间是用来忍受的，只有少数时间是用来享受的。一个幸福的人，是与别人相比更多享受更少忍受生活的人。

不看新闻

如果想获得内心平静，尽量不看新闻。新闻都是大海边飞溅的浪花，而生活却在深邃的海底。

苟活

怎样摆脱苟活的状态? 唯有遵循自己内心，努力自我实现。

快乐哲学

以快乐为人生目标似乎总会遭到诟病，被认为不够高尚，不够利他，不够冠冕堂皇。可是快乐的确是人们最自发的出于本能的追求。问题在于，多数人追求的只是物质的快乐，如果加上精神的快乐，是不是就比较高尚了？

直面

对世间所有的事情，都应当敢于直接面对。对于自己的生命也应取直面态度。比如，是多大岁数就是多大岁数，不必害怕自己的年龄。

避开

人可以选择避开丑陋，直取美好。

本色

人按照自己的本色生活、说话、做事，是最省力的活法。

勉强

凡是勉强自己去做的事情，大多导致痛苦；去做自己喜欢做的事情，大多导致快乐；去做自己渴望做的事情，能够导致狂喜。

舒适

身体的舒适是养生的最低境界，同时又是其最高境界。

成熟

成熟的心态一定是稳定的，自足的，独立的。它来自一个圆满的自我，这个自我是独立支撑的，不依赖任何人；是自身圆满的，不求助于任何人。无论在物质上，还是在精神上。

何谓圆满

所谓圆满应当包括对宇宙对人生有能够自圆其说的看法，并且能够依照这个看法安排自己的生活，安顿自己的灵魂。

干扰

在有了完满的精神生活的时候，世间的种种热闹就成了干扰，它们只是人们徒劳的无意义的忙乱而已。

偏爱

在世间万物当中，我偏爱美——美的风景，美的图画，美的音乐，美的书，美的人，美的心灵。

幸运

所有看似幸运的事情，其实有一半不是单纯的偶然，而是必然。

身与心

身与心的状况须臾不可分，当身体不适时，心灵即不舒适；当身体愉悦时，心灵即愉悦。反过来的影响也不可小觑。

修炼

日常生活不可以放任自流，而应当时时修炼。修炼的内容包括：意识到自身的存在，审视自身的存在状态，改进自身的存在状态，使之最大限度地趋向于美好。

享乐主义

享乐主义为什么成了贬义词？因为生活的艰苦、责任、付出、牺牲，和享乐相比，是战争年代每个人都必须面临的二选一局面。可是在和平年代，享乐是不是可以不那么贬义了？因为在快乐和痛苦之间已经不必二选一了。

噪音与泡沫

当人觉得周边的声音全是噪音、世上的喧嚣都是泡沫的时候，他就真的老了，真的参透了，真的可以休息了，真的可以去死了。

享用

人生的多数时间，人们只是盲目地随波逐流，懵懂地耗费掉生命，主要是按照生存的基本需求去做不得不做的事。即使在娱乐当中，也并未意识到自己的存在，只是单纯的休息，放松一下。用心地刻意地对快乐的追求才是对生命的享用。

细语

没有静，就没有享。只有在一个静谧的环境，人才能听到灵魂的细语。

指标

人的生命中，纯粹是一个最重要的指标，无论是心灵还是心境，纯粹是质量最高的，最快乐的，最明澈的。

惊恐

惊恐于兴趣的丧失。人在年幼时，对世间的一切充满好奇，兴趣盎然。几十年之后，人会发现对许多事情渐渐丧失了兴趣，比如对旅游，觉得亲临现场似乎越来越无必要，看看风光摄影就可以了。实在担心，万一失去了对所有事的兴趣，生活将变成一杯白开水。

乱走

所谓旅游就是在世界上乱走，想明白了，什么意义也没有。

紧迫感

由于生命不可思议的短暂，常常会有紧迫感，总是会有紧迫感。每天的时间都不够用，一生的时间也不够用。虽然明知紧凑的生活和懒散的生活结果并无二致，但是还是自然而然地选择前者。

调试

身体要不断调试，才能到达最健康舒适的标准；灵魂也要经常调试，才能达到最平静和快乐的境界。

看透

真正看透人生之后，会对事情做出正确选择。有时，寻常的生活智慧比特殊的天赋在一般事物上能做出更正确的选择。

生存质量

快乐在人生中是最值得追求的一个价值，因为它是所有事物中与生存质量关系最大的。

稀少

令人感到快乐的人和事是如此稀少，以致一旦遭遇，惊喜莫名。

福柯

希望像福柯对伴侣终身保持激情那样，把对美与爱的激情保持终身。

爱与美

爱和美是世间最值得追求的东西。爱又是人与人之间的美；美又是人与自然之间的爱。

追逐

如果一心在生活中追逐美好的东西，生活就会美好。最高境界是让美好把自己的生活充满。

躲开

躲开喧闹是做成一件事的关键，包括物质上的喧闹（周边环境）和精神上的喧闹（外界的评价）。

空间

人在哪里生活并不重要，重要的是生活的内容：是否充实，是否快乐。

呵护

呵护生命的主要方法就是让它陷入爱和美之中，轻易不要出来。

淡定

唯有看破红尘的人才能有真正的淡定，不为名利所动，不为琐事所扰，只是一味浸淫在美与爱之中，过单纯快乐的生活。

赶路

人生的行走应当从容不迫，不疾不徐。如果总是赶路，只是更早到达终点而已。

欢乐

欢乐是人生最珍贵的体验，如果能偶尔体验狂喜，那就更加幸运。平淡的生活也无可厚非，只是活得不值。可惜，正如福柯所言，快乐是一件困难的事情。

平淡

人生的大多数日子是平淡的，少数日子不是过于快乐就是过于痛苦。人在年轻的时候向往大悲大喜的日子，害怕平淡；年岁越大就越安于平淡。平淡是一种更接近死亡的状态。

放松

人应当放松心情去生活，天塌不下来，人最终也不会留下痕迹。所以没什么可紧张的。

聪明与愚笨

人的聪明与愚笨各有利弊，聪明人更多快乐，但是由于心智敏感也更多痛苦；愚笨的人永远懵懵懂懂，像个小动物，没有狂喜，却也没有痛苦。

强迫症

人从小被训练成做事的强迫症，或者走路的强迫症，总是要拼命去做事，拼命去赶路，好像前面有一个目标在召唤。其实，人生只有一个最终的目标，那就是死，其他目标都是阶段性目标。

合适

看到一位中医在讲，每个人要根据自己的状况做最自然的事，睡得不要太多也不要太少，吃得不要太多也不要太少。而由于人是千差万别的，所以每个人的所谓"合适"全都不一样。

应酬

应酬就是敷衍，做自己并不情愿但不得不去做的事情。在人生中，应当将应酬减少到最低限度，只把时间花在自己喜欢的事情上面。

晴朗

应当让自己的心情经常保持晴朗。世间有太多的烦恼和痛苦，应当尽量避开，只保留轻松和快乐。

快乐最大化

人不可能让自己的生活中只有快乐，没有痛苦，但是人可以做到让生活中的快乐最大化，痛苦最小化。

成功与快乐

成功既非快乐的必要条件，亦非快乐的充分条件，但是成功的确能给人带来一些快乐。

要求

明确要求自己的每一天都是快乐的，享受的，平静的，舒缓的。刻意规避痛苦、折磨、焦躁和激烈。激情只是内心的状态，并不影响日常的生活。

孜孜以求

世间的美好极其稀少，美好的艺术，美好的风景，美好的事物，美好的人。所以孜孜以求。

静观

对世间万物采静观态度，其中既包括自然的景观，也包括世事的变迁。

精致

精致的生活首先是清醒的，不是懵懂的，即意识到自身存在的；继而是平和的，不是不安的；最终是喜乐的，不是痛苦的。

从容不迫

人的生命应当从容不迫，因为人生并没有什么目标非达到不可，并没有什么地方非去不可，并没有什么价值非实现不可。这样去想，就可以从容不迫。

暗
火

亲密关系

人生在世，如果缺少亲密关系，会感觉到孤独，生存的无意义感也会更加强烈。幸亏所有的人都有亲情关系，但相比之下友情和爱情却少了许多。亲密关系的益处一个是提供温暖，一个是提供生活意义。

状态

人的生存状态有三种：爱；不爱；恨。爱是生存的最佳状态；不爱是一般或庸常状态；恨是最差状态。

温柔

情感就是一种温柔的感觉。大鸟呵护雏鸟的温柔；小兽依恋父母的温柔；微风吹拂树叶的温柔；一颗心抚摸另一颗心的温柔。对自己钟爱之人，永远怀着无限温柔。

单纯的爱

无缘无故的爱，没头没脑的爱，乃是世界上最单纯的一种情愫。它为人平庸的生活平添色彩和味道，让人活得有滋味。

幸运

如果有一件事能够令人保持激情，那是极大的幸运；如果有一个人能够令人保持激情，那是更大的幸运。

对话

爱一个人的好处首先是找到一个谈话的对手。在灵魂上有一个倾诉的对象，使得生命不那么孤寂。

无尽

所谓爱就是无尽的眷恋，时空的无尽，精神的无尽，无边无际，没有尽头。

恒温

真正的爱情不是忽冷忽热的，而是恒温的。由于热源的深厚，可以长时间保持温度，像福柯与他的爱侣，终身保持了激情状态。

柔情

在这个凶险的世界上，人必须穿上铠甲，硬起心肠，否则无法存活。爱的时刻是人柔软的时刻。在这个生硬阴冷的世界，唯有对人的柔情可以带来柔软和温暖的感觉。

爱的感觉

由于你的存在，我的生命变得美好。

僭越的冲动

越是在世俗标准看是不应该的情感，就越有魅力，它引发人内心深处僭越规则的冲动。

爱情的味道

与人世间所有的经历相比，爱情是最美好的，最快乐的，最浓烈的，最有趣的，最甜蜜的，也是最疯狂的。

深藏

爱情其实是适宜深藏的东西，但是由于它太美好，太耀眼，又引发表达的冲动。世界上于是有诗。

不可归类

不可归类的同义词就是自由自在。人陷入一种不可归类的关系，一开始可能是被动的，但随后可以变为主动的，自觉的，有自创感，自由自在的感觉。

大快乐

得到肉身的朋友，得小快乐；得到灵魂的朋友，得大快乐。

爱与恨

用爱的态度对待一切人，而不是用恨的态度对待一切人，包括与自己冲突的人。用这样的态度看人，受益的首先是自己——心情愉悦；其次是他人——他们感到了被爱。

独享

真正的幸福在对生命的独自享用之中，也在爱与被爱之中。如果没有人可爱，没有机会被爱，那就独自享用。

执着

爱的执着没有其他事情可与相比。有时到了偏执的程度。但是心中有幸运和感动的感觉，好像平白无故中了一个大奖。

感染

人在孤独状态，获得欢乐的几率要大些，而只要有人际关系，欢乐的几率就会变小，因为那个人人不是你，他的痛苦会成为你的。人的情绪感染力很大，强过传染病。

高僧

得道高僧都是绝对孤独的人，他一个人面对生老病死喜怒哀乐，不让人分担，也不与人分享。

冷静

人在看不清事物的真相时容易狂热，在看清楚之后就会冷静下来。爱的狂热就是看不清楚造成的，不仅是看不清楚，而且是不愿看清楚。

计较

如果计较利害，就没有爱情。爱情是人性中非理性的迸发，是迷醉，甚至是迷惑，根本无暇顾及利害。

没想到

没想到在如此高龄还能遭遇激情之爱，只能对冥冥中上天的眷顾存敬畏感激之心。

探险

爱一个人其实是探险，爱的过程是一个探索他的灵魂的探险之旅。

喜悦

爱首先是一种喜悦，喜悦来自遇到了这样的一个人，来自他能让自己感觉到的美好，能引发那纯粹的激情之爱。其次才是他的反应。就像沈从文一开始爱上张兆和而张并不爱他时，他还是感受到那喜悦。

欢欣

公开的快乐是令人欢欣的，如婚姻；隐蔽的快乐令人欢欣同时心碎，如单恋。

浓度

爱情就是对身边所有人当中感觉浓度最大的那个。

抽象

爱情从来都是抽象的，不是具体的，是精神的，不是肉体的。肉体的欲望及其满足可以引发爱情，但它本身却不是爱情。

美丽

世间有许多美丽的东西，高山大川，森林旷野，各类人工的器物，艺术品，但是这一切都无法与爱相比。爱是出类拔萃的美，超凡脱俗的美，无与伦比的美。

神奇

世间之事大多平淡无奇，只有爱情是神奇的，带有神秘色彩。其神奇主要表现为起因不明，极其纯粹，极其美好，带有神性和着魔的感觉。

灵魂朋友

所谓灵魂朋友就是自己的灵魂总有对他诉说的欲望。

唯有

世间万物的颜色都是黯淡的，唯有爱情像一抹亮色；世间万物的声音都是嘈杂的，唯有爱情之歌是悦耳的；世间万物是混沌的，唯有爱情是有形的，美丽的。

亲爱

有亲爱的人，感觉很好。有亲爱的感觉，人生变得美好了许多。

友谊

福柯愿意将同性恋关系视为友谊，一种生活方式。其实，异性恋也可以如此。其中包含自由的爱，而不是制度性的爱——婚姻。

单相思

宁愿要单相思，不愿要实现的爱情。原因很简单：前者可以一直持续；后者必定很快终结。

反熵

秩序和美都是反熵的，熵增趋势是普遍的，无法逆转的，一切终归于混沌无序。爱也是反熵的，因为无关和分解（死亡）才是常态。

倾心之谈

所谓灵魂朋友一定是常做倾心之谈之人。人如果没有可做倾心之谈的人，灵魂一定会过于寂寞。

遥望

遥望的关系不见得比厮守的关系质量更差，密度更差，更加疏远。它仍然可以是亲密关系。由于摆脱了琐碎事务，也许反而更加纯净，更加高尚，更加美好。

挚友

人生难得挚友，在孤独的人生，挚友不离不弃；在冰冷的人生，挚友给人温暖的感觉；在乏味的人生，挚友为人带来快乐。

特征

挚友的特征是：心有灵犀；没有矫饰；可以无话不谈；永远不会失去。

刺鼻

日常生活中的一切都是无色无味的，唯有激情留下一抹亮色，一个余音绕梁的旋律，一种新鲜刺鼻的味道。

交媾

肉身的交媾直接，明确，急迫；灵魂的交媾间接，混沌，从容不迫。

主动与被动

杜拉斯终身爱与被爱，她是幸运的。爱与被爱，都需要欲望、激情与幸运。爱一个人需要幸运（出现了一个值得爱的人，能引发激情之爱的人），而被爱需要更多的幸运（能够被一个人爱上）。

中奖

爱情的发生就像中奖。因其稀少；因其美好；因其幸运；

因其珍贵。

喜爱

所谓灵魂朋友首先是灵魂的投契；其次是不由自主的关注；再次是交流的渴望。当然，喜爱是这一切的基调。

痛苦

情感的不对等给人带来最多的痛苦与折磨，令人不忍直视。但是不直视并不能改变什么，所以不如直视、承认，照关系的原本情况看待它。

灵魂领域

在灵魂的领域，精神的领域，爱、喜欢和好感之间的界限渐渐变得模糊不清，混成一团。

清澈

只有清澈的灵魂，才会发生清澈的爱。只要有复杂的因素，激情之爱就根本不会发生。

蠢事

王尔德：人生就是一件蠢事接着另一件蠢事，而爱情就是两个蠢东西互相追来追去。好透彻啊。爱情有两个元素，一个是美，浪漫之美；另一个就是蠢，懵懂迷茫。

愚蠢

爱情到底是不是愚蠢的？从一个人爱上另一个人的情形来看，他的确是疯疯傻傻的，呆呆萌萌的，是陷入非理性状态的。所以说爱情是愚蠢的也不为过。当然，即使是愚蠢的，它还是美好的。

空

从万事皆空的高度看，人们在世间孜孜以求的一切都是愚蠢的，包括爱情。

提纯

要想让爱情持久，须经提纯过程。要不断地祛除杂质，只保留最美好的情愫。所谓杂质即所有负面的情绪，如嫉妒，计较，比较，怨恨；保留下来的只有正面的东西，如欢喜，欣赏，温柔，热爱。

调情

调情是最有情调最有趣的事情，尤其当它处于违反世俗规则的状态时。

迷恋

当人发生迷恋，心灵处于有趣状态。头脑迷茫而又清晰，混乱而又有序，迟钝而又敏感，亢奋而又消沉。极其典型的非理性状态。

谈话对手

灵魂朋友首先是一个谈话对手，两人之间有谈话的兴致，有共同的话题，有相互匹配的水平，有振幅相同的心弦。

流水

生活像流水，不露痕迹地悄然而逝，唯有情感掀起一点小小的波澜。

柔软

人在冰冷坚硬的世间求存，必须有一副坚硬的外壳，否则难免遍体鳞伤。只有在情感生活中，人柔软的内核才会显现。

珍贵

人生在世，最珍贵的除了自我，就是与之发生了个人情愫的几个人。

迸发与持久

喜欢迸发的激情，也喜欢持久的情愫。在激情迸发时，人仿佛在天上，泪飞顿作倾盆雨；在情愫舒缓时，人回到了人间，心境如小溪流水，源远流长。

独立与爱

人必须是独立支撑的，才能有美好的爱情。无论是物质还是精神上的依赖，都会损毁爱情关系，使之从轻盈的美好，变成沉重的负担。

浓情

喜欢处于浓情状态，不愿处于寡情状态。前者存在感更强，后者像行尸走肉。

挚爱

如果人生没有经历过挚爱（爱人与被爱），那他的人生就谈不上快乐；如果能够一直生活于挚爱之中，人生才是幸福的。

软与硬

绝大多数的人际关系是硬的，只有少数是软的。如果心不硬，人就无法过自己的生活（对人类苦难的硬心肠，甚至包括时间管理上的硬心肠）；而如果心不软，就没有快乐。所以与多数人的关系是痛苦，与少数人的关系是快乐。

可爱

人为什么会喜欢小动物，觉得它们可爱，就因为它们天真、自然、善良，对外界完全不设防，没有害人之心，只是自由自在地活着。

情为何物

所谓情就是一种喜欢的感觉，是高度的关注，是结识的愿望，是交流的冲动，是一旦得到期待的回应就会感到幸运和幸福。

同行

在茫茫人海中有缘与某人相遇，同行，已是少有的幸运。愿心中唯有美好，并无遗憾。

着迷

爱情有种令人着迷的魅力。世间的事都是清晰的，唯有爱情是模糊的；世间的事都是平庸的，唯有爱情是超凡脱俗的；世间的事都是沉闷的，唯有爱情是精彩跳脱的。

幻觉

爱情给人造成一种美好的幻觉，以为人生是快乐的，是温暖的，是值得一过的。

醇厚

在生活中偏爱醇厚的东西，尤其是深邃的、浓郁的、醇厚的情感。

妙处

爱情的妙处在于令人忽略世间一切的平庸和丑陋，专注于纯粹和美好的感觉。

对话

做灵魂朋友最主要的内容就是对话，是灵魂的交流，聊天，包括闲聊和对重大问题的交流。

空与实

实中有空，空中有实，实即是空，空即是实。即使爱亦不能例外。爱是实有的，同时又是虚幻的，精神之爱尤其如此。

偷窃

当爱情发生时，人会有从天堂窃得快乐的窃喜，因为这喜悦不该是俗世的人能享受到的。

爱的三种感觉

爱的感觉首先是自由，其次是本真，再次是温柔。

只剩

当爱情发生时，周围的一切其他颜色全都黯淡了，周围的一切其他声音全都沉寂了，周围其他的人与事都褪色了。只剩下爱的声音与颜色。

深沉

爱是深沉的感觉，它也是肃穆的。它有时淘气，但不会轻佻；它有时欢快，但不会轻薄；它甚至狂喜，但不会轻浮。

不对等

不对等的情感会导致永远的失意，永远的折磨，永远的痛苦。然而，它使得生活有味道，使得生命的经验深刻，刻骨铭心，不会轻轻滑过。而且可以回到生命的本真状态——存在本身不就是痛苦的吗？

宁愿

宁愿生活大苦大甜大悲大喜，不愿平平淡淡没有味道。陷入不对等的情感关系就是这样的。

三合一

跟某人建立了一种亲情友情爱情三合一的关系，感觉十分有趣，十分熨帖，十分幸福。真是一种世间罕见的关系。

错过

人一生如果没有遇到挚爱之人，就错过了最美好的感觉。

肃清

所谓修行就是在心中不断肃清恨及所有的负面情绪，让爱把自己的心充满。

淳厚

喜欢与人建立淳厚的关系，相互之间亲密无间，情深谊长。如果不能与人建立起这样的关系，就索性没有关系。

收放自如

希望所有的关系都能做到收放自如，如果不可掌控，如果勉强生硬，如果味同嚼蜡，就不应保留。

独自的爱

单恋听去很凄惨，其实未必。它可以是自身圆满的，可以是自我享用的，可以是快乐的。

儿女与英雄

常言道：儿女情长英雄气短。有一种爱情却不是小儿女的情怀，反倒是有英雄气概的。不是卿卿我我你侬我侬的，而是意气飞扬浪漫透顶的。

惊喜莫名

无论发生情感的对象是什么，无论对方是植物、动物还是人，都是一件给人带来欣喜的事情，都是值得珍视的。因为情感的发生绝对是熵增现象。在宇宙的一片混沌浊流之中，它逆流而上，令人惊喜莫名。

矛盾

情感是没有理由的，完全的非理性。有理由的爱是不可能的，是自相矛盾的。理由就是理性。理性和爱是一对矛盾。

幸福

幸福的感觉来自遇到一个人，认识一个人，喜欢一个人，爱上一个人。

运气与选择

陷入爱情，除了是一种机遇，也是一个选择。有人运气好，有人运气差；有人选择爱，有人选择平淡生活。

恒定

人的幸福感大都来自安全恒定的人际关系，亲情、友情和爱情。

活水

友情在经过时间的检验之后变得深厚，单纯而又复杂，五味杂陈。就像源头活水，不断涌流，无休无止。

最可宝贵

人世间最可宝贵的是自我的存在，但是能给人带来最多快乐的还是亲情、友情和爱情。

纯粹

情感越是纯粹则越是美好。只要掺杂了杂念，就不再美好。

最喜

最喜世间无法归类之物。无论何物，一旦能够归类就落了俗套，唯有无法归类之物才有趣，才吸引人。

赵清阁

看赵清阁与老舍的恋情，觉得可悲。尴尬，苦涩，最后一切付诸一炬。这样的人生，这样的爱情，不要也罢。要爱，就爱他个轰轰烈烈，昏天黑地。要不就不爱。这样钝刀子割肉，真是太惨不忍睹了。

打捞

陷入爱情是将生命从无聊中打捞出来的最好办法。

自身圆满

爱有自己的理由，是自身圆满的。它不需要向任何人解释自己的发生和存在理由。能否得到回应也与它的存在无关。

平静还是激情

在生活中选择平静还是选择激情，这是一个令人烦恼的问题。我总是在二者之间犹豫不决，更多还是倾向于后者。

亲密无间

能够给人带来幸福感的是亲密无间的关系，可以无话不谈，可以信赖，不会失去。至于关系的性质（亲情、友情还是爱情）反倒不是特别重要。

纯良

喜欢本性纯良之人，不喜巧言令色之人。希望只活在纯良之人当中。其实，要做到这一点并不太难，只因物以类聚人以群分。

眷恋

在世间有所眷恋十分重要。如果没有眷恋之人，眷恋之事，则生如同死，生不如死。

幸运

爱是一种很纯粹的感觉，当沉浸其中，人的心境美好，崇高，纯净，有微微的醉意，只要稍稍一想，马上泪流满面。人会感谢上苍，不知自己怎会有如此幸运，不知老天怎会安排如此美好之人给自己认识。

活着

当人陷入爱情的时候才能感觉到自己确实是活着的，是与这个世界上的其他人有联系的。

沉淀

情感也会沉淀，会像水中的固体物质，渐渐沉入水底，结晶，之后变为坚硬的钻石，在泥沙之中发射出璀璨的光。

财富

心中的爱是我的财富，是只有我才有的精神财富。它滋润我干涸的心田，使我的心变得柔软，使我的心情变得愉悦，使我的生命变得生动，热烈，纯净，欢乐。

西施

人说"情人眼里出西施"，是说对方实际没那么美，爱把她变美。幸运的人遇上的却是一个真的西施。

世间

人的一生万千经历之中，唯有爱情最为美好，最为纯正，是人生中的精粹。

爱与错

只要是爱，就不是错。世上没有错误的恋爱对象，没有错误的爱。爱本身就是它存在的充分理由和确凿证据。

危险

爱乍看是个危险游戏，导致沉重的责任，伤害，角力，追逐与躲避；然而，爱的内核却是极度的美好，单纯，浪漫，也是十分柔和的，并没有什么真正的危险。

爱与美

爱与美是你中有我我中有你的关系，在爱中，人体验到美的感觉；在美中，人感受到爱。只有在爱中，人才能见到大美；只有在美中，人才能感觉到大爱。

如果

应让自己所有的亲密关系收放自如。如果做不到这一点，关系就成为生活的障碍，变得丑陋痛苦；做到这一点，关系就是美好和幸福的。

不喜

偏爱深厚的情感，不喜寡淡的关系；偏爱重口的味道，不喜清淡的味道；偏爱热烈的激情，不喜温吞的感觉；偏爱浓重的色彩，不喜轻描淡写。

爱之功能

爱情能够使生活变得有趣，像两个孩子玩一个玩不厌的游戏；爱情能够使生命变得纯粹，超脱于世俗的平庸琐碎之外。

运气

爱情的发生当然靠自身的素质，首先要懂得爱，其次要会爱，还要有勇气去爱。但是，运气也很重要，这个运气就是恰巧碰上一个你能够爱上的人，他值得你爱，他能激发你的爱，他还要有跟你一起做爱情游戏的兴致。

最好玩

世间最有趣的游戏是恋爱。经过了几十年的生活，做过了很多很多事情之后，发现最有意思的事情还是恋爱。其他事也有趣，比如写小说，但是还是比不过恋爱，因为写作只需独处即可，恋爱牵涉到另一个灵魂；写作可以预期一切，可以随意更改一切，恋爱却不可预期。

创造美

世间美好的事物原本不多，但是人可以创造一些美出来，最典型的创造美的活动有两个，一个是写作，另一个是恋爱。

深藏

人会把最本真的情愫深藏于心底，既因为珍爱，也因为其中有太多无法与外人道的痛苦和快乐。

平淡

世间的一切给人的感觉都很平淡，唯一的例外是爱情。它令人心潮起伏，热泪盈眶，苦涩与甜蜜备尝，是一碗重口味的浓汤。

激情与柔情

激情使人狂喜；柔情令人平静。火令人激昂；水令人心安。

我希冀狂喜，我更渴望平静；我喜欢激昂，我更渴望心安。

狂喜

人生中令人狂喜的机遇不多，有几种情形：见到一件艺术品；创造出一件艺术品；爱上一个人；被一个人爱。

一厢情愿

当美好只是一厢情愿，还要不要美好？由于对象是复杂的，是美好与丑陋参半的，所以只看对象之美好而忽略其丑陋，也许是保持美好感觉的办法。

空窗期

在爱的空窗期（无人可爱或没有被爱）和美的空窗期（没有享受或没有创造）的时期，明显感到生命的虚度。

高与低

爱的最高境界是互爱，中间状态是单恋，最差状态是无爱；美的最高境界是创造，中间状态是享用，最差状态是既无创造也不享用。

爱的标志

爱的标志是把一个人从众人中单挑出来，非他不可，不可以随便换人的。此外有非理性成分，有夸张，有迷恋，有光环。

交集

人生在世，与绝大多数人都不发生任何交集。发生交集的仅寥寥数人而已。对有缘相交之人一定珍惜。

二三子

知我者二三子。小波也说过：我虽以交友为终身事业，所交不过两三人而已。原来以为这种说法太苛刻，最后发现果真如此。

一往情深

对某人某事一往情深是人生最佳状态，它不仅使人的生命变得生气勃勃，而且心情愉悦，甚至可以偶尔体验到狂喜。

着迷

爱情最让人着迷的一点是期待，人总是处于对一句话、一个声音、一个微笑、一个回应的期待之中。

奇特

爱是一个奇特的事情，是对某人奇特的感觉。到最后，爱与喜欢、好感之间的区别越来越小，混作一团。

害怕

人如果真心害怕什么，这事发生的几率就小了很多。例如，人如果真心害怕失去一个朋友，他就不大可能失去他。符合吸引力原理：你强烈地向往什么，就会吸引来什么；反之亦然，你强烈地拒斥什么，那事也就不会发生。

挚友

在人生中遇挚友是一种极度美好的感觉。心无芥蒂，无话不谈，这种感觉真是令人十分受用。

柔软

人在恨的时候是坚硬的，在爱的时候是柔软的；在恨的时候是苦涩的，在爱的时候是甜蜜的。

浓烈

只有性情浓烈的人才能陷入爱情，也才能写作。如果性情淡薄，就只会喜欢不会爱，也只能去做点别的事情。

香醇

酒越陈越是香醇，爱也如是，时间越久，封闭越严，越是甘醇可口，余味无穷。

他人与自我

他人有他人的生活，我有我的生活，除非是合二而一的人，如肉体与灵魂合一的伴侣。

三种快乐

人生的快乐有三种：肉体的快乐，关系的快乐，精神的快乐。肉体的快乐止于舒适；关系的快乐来自亲密无间的感觉；精神的快乐是愉悦的感觉。这三种快乐的最高级别是狂喜，例如性快感和激情之爱。

深沉

一种情感在经历时间的沉淀之后会变得深沉，不再急迫，不再激动，不再计较，而像鱼儿潜入深海，从容不迫，优哉游哉，沉静而持久。

肉体与灵魂

最佳生活方式当然是和肉体与灵魂的爱侣厮守，肉体独处加精神恋爱也不失为一种次佳的生活方式。

平行线

人生在世，几乎与所有人都是平行线，即使那些通过你的文字或声音或视频知道你的人。对于处于平行线上的那些人，你并不真正存在；对你来说，他们也并不真正存在。真正认识你了解你关注你的人不会超过两位数。

同与异

灵魂朋友有两种功能：一个是交流相同或相似的感受；另一个是提供不同的视角和想法。前者引发共鸣；后者导致争论。

甜蜜

甜蜜是与苦涩在一起的。如果没有苦涩做对比，甜蜜也就不显得那么甜，变成甜得发腻了。

叩问

所谓爱，就是对对方的灵魂不断地叩问。

千奇百怪

世上的人际关系本就是千奇百怪的，每两个人关系都不一样。用不着为自己的人际关系归类，就让它自然地存在，生长，想长成什么样就长成什么样。存天理灭人欲最初其实是这个意思（顺其自然）。

奇迹

能够遭遇爱情是人生最大的幸运。如果能够终身浸淫其中则简直就是遇到了奇迹。

心爱

人有心爱的东西，心爱的事情，心爱的人。美好的人生就是得到了自己心爱的东西，做着自己心爱的事情，与自己心爱的人心心相印。

羞惭

人不必因某种自然发生的情愫而感到羞惭，因为它如果发生了，就一定有发生的原因。只要是自然的，就没什么可以指责的。

好过

世界上最美好的关系不一定是爱情关系，有些关系的美好也许能够超越爱情，比如灵魂朋友关系，虚拟的主奴关系等。

深厚

深厚的情感是从容的，笃定的，历久弥新，不会轻出变故。

信任

灵魂朋友之间最可宝贵的是信任。心有灵犀，有很深的默契和相知。相信自己在对方心中的重量，相信不会轻易失去，相信没有不可穿越的隔阂。

光明

人的心情是那么容易改变，心爱之人的一个微笑，一句话，一个短信，就能使阴郁变为光明，好似雨过天晴，云开雾散。

保持

激情是热烈而纯粹的。当人对某人某事发生了激情，他的心是火热的，他的感觉是清澈的。愿意尽量保持激情状态，能保持多久就保持多久。

源泉

激情之爱来自生命本身，来自内心的冲动。如果它有任何世俗的目的，它就不会长久。只有当它超越所有世俗的原因，仅仅来自灵魂，才能永不枯竭。对它很好奇，想看看它究竟能延续到什么时候。

忘我

人生中最有意义的不是荣华富贵，不是声名显赫，而是爱。世间最美好的情感是爱。爱是忘我的，是人的所有情愫当中最纯粹的，最强烈的，最飘逸的，最虚幻的，最令人陶醉的。

体验

爱是人生的美好体验。人从中体验到纯粹，体验到柔软，体验到甜蜜，体验到苦涩，体验到美。

游戏

在现实中无法实现的爱，可以转换为一种精神的游戏，即精神恋爱。现实的爱是沉重的，受限的，排他的；而非现实的爱却可以是轻松的，自由的，兼收并蓄的。

气质

人最大的幸运是遇到与自己气质相投的人，这种人能给自己带来最大的幸福感。

自由与归属

爱是自由的，还是归属的？我相信它是自由的。即使它有归属感，那也只是它自由的选择。

自愿的囚禁

爱是自愿的囚禁，它自愿投入一个人的心的牢笼。不是不爱自由，而是无暇他顾。人也完全有可能同时爱两个人，相对于悠游不羁，它把自己投入了两个牢笼。

爱之两端

爱既是自由，又是奴役；既是虚幻，又是实存；既是快乐，又是痛苦。

秘密

当爱情成为一个永远的内心秘密，它就成为一个永不衰竭的内心动力，它使得生命变得兴致勃勃，充满刺激的感觉。让人不得不感谢所有的阴差阳错，感谢命运的安排。

永动机

世上总是有些痴人想发明永动机，他们永远无法成功。而无法实现的爱情就是一架生命的永动机，这是那些痴人没有想到的。

默契

世间最美好的关系是默契的关系。形式不重要，内容重要；名不重要，实重要；他人看法不重要，当事人的感觉重要。内心的契合度是只可意会不可言传的。

冷静的爱

爱不一定全是狂热的，也可以是冷静的。冷静来自对一切都看得清清楚楚，明明白白，没有幻想，没有虚饰，没有夸张的成分。冷静来自对生命的宏观视角，而爱又是那么微观的事情。

灵魂

灵魂是生命中最可宝贵的；灵魂朋友是关系中最可宝贵的；灵魂的投契是最快乐的；灵魂的吸引是最神秘的。

自由

精神的自由往往在物质自由之后发生，物质自由之前的精神自由只发生在精神领域；物质自由之后的精神自由才发生在现实生活当中。

爱的游戏

爱是人间最有趣的游戏，是两个高智商、心灵极为敏感、灵魂丰富有趣的人之间的游戏。在灵魂深处不无生理因素，但主要是心理的。

占满

当人的灵魂被爱占满，那是一种很充实很愉悦的感觉。因为爱的美好，因为爱的高尚，因为爱的纯粹，因为爱的愉悦。

微醺

人爱的时候，全部身心陷入微醺状态，愉悦感充斥生命，占满所有醒着的时间。尤其当爱处于秘密状态，无法在现实中实现时。

极度

爱情就是对另一个人极度地感兴趣，极度地关注，极度地喜爱。

好玩

在人间所有的游戏中，要数爱情最好玩。好玩主要来自它的烈度和纯度。世间没有什么事的激烈程度和纯粹程度能够与爱情相比。

四要素

灵魂朋友的四个要素：一是相互感兴趣，有了解对方的冲动；一是有共同感兴趣的事；一是相互欣赏，有共鸣，是知音；一是有放心依靠的感觉，不愿失去。

自圆其说

每个人都有自己的生活，自己的喜怒哀乐。即使是最平凡的人，也有自己完整的人生，自己赋予的价值，可以自圆其说。如果你不喜欢他，应当敬而远之。

相互

所有的人际交往都是相互的，对等的。如果不对等，就难以持久。

狂喜

每当想起与友人相遇相识相知的遭遇，竟有狂喜之感，这种经历在沉闷孤寂的存在中实属幸运。

自身圆满

当爱到了可以深藏的程度，它就是自身圆满的。它渐渐变成纯粹的精神，甚至不需要对象的回应。爱的感觉之所以是自身圆满的，原因在于虽然它是由某人引发的，但是它的存在并不依赖于他。

稀少

阅尽世间万物，只是一片灰蒙蒙的颜色，唯有少数事情，色彩鲜明，绚丽。比如一部好书，一部好电影，一段荡气回肠的情感。

至爱亲朋

人生在世，如果没有几位至爱亲朋，是多么孤独寂寞。尽管人生主要意义来自个人的行为与体验，但是快乐却大多来自至爱亲朋。

爱与泪

为什么爱与泪总是紧密相连，我想，大概因为爱是一种存在的感觉，是活着的感觉，是对世间某人的深深眷恋。而活着的感觉令人感动不已，孩子刚一到世上做的第一件事不就是哭泣吗？

泪

仍旧每当想起一个人就泪流满面，这可真是不可思议。这种状态如果能够保持终身，是多么大的幸运。

挚友

人生难得挚友，在孤独的人生，挚友不离不弃；在冰冷的人生，挚友给人温暖的感觉；在乏味的人生，挚友为人带来快乐。

真挚

我相信，只要自己是真挚的，就一定会吸引真挚的朋友。如果自己不够真挚，也就找不到真挚的人做朋友。

爱情

爱情真是一件太愉快的事。它虽然很苦，但苦中有甜。正如海涅所言：谁有一颗心，心里有爱，就被弄得半死不活。

美酒佳肴

谁爱了，就有了美酒佳肴。而且这美餐是无限供应的，天天供应，永远供应。

迷恋

所有美好的东西都是迷恋的人做出来的，迷恋文学的人才能写出好看的小说；迷恋美食的人才能做出美味的菜肴；迷恋某人的人才能陷入美好的爱情。

灵友

有时觉得，心灵朋友就像灵友，因为谈得来，因为知音，因为默契，有时心灵就像相互通灵一样。正是所谓"心有灵犀一点通"。

深爱

与一个人的灵魂交融，就是深爱。爱有多种形式，有的涉及肉身，有的不涉及肉身。

狂喜

心中常常希望能够偶尔陷入狂喜状态。这样的时刻在人生中并不多见。一本好书，一部好电影，一段感情，可以将人带入狂喜状态。当然，最容易得到狂喜的途径之一是性快感。

爱到深处

当人爱到深处，会有合二而一的感觉，不再有隔膜，不再有委屈，不再计较一切，只觉得一切都非常美好。

双刃剑

激情是双刃剑，它令生命快乐，亦令生命痛苦。处于激情中的人生是最有趣的，最有色彩的。如果有可能，愿意保持终生。

一生

看到福柯讲到与伴侣的一生都有激情，非常羡慕。人真的可以这样生活吗？为什么不可以呢？只要有激情，只要愿意保持激情。

自由

爱是自由的，它不受婚姻的约束，不受年龄的约束，不受性别的约束。受约束的爱是残缺的爱；不受约束的爱才是真正的爱。

美好

要想有美好的人际关系，人的自我必先美好。俗语说：物以类聚人以群分，也是这个意思。

佳人

有灵魂朋友在远方，像一位佳人在水一方。不像情侣那么肉麻兮兮，却像竹林七贤那样意气相投，肝胆相照。

三情

爱情是生命中激情迸发的时刻，不容易长久，友情和亲情却黏稠和缓，常常可以保持终身。

玩得起

爱情究其实质是心灵游戏。有的人会玩，有的人不会玩；有的人玩得起，有的人玩不起。

稀少

人世间，快乐是稀少的，精致的快乐尤其稀少。爱就是一种精致的快乐。

迷醉

爱情有令人迷醉的力量，人只要遭遇，所有的理性都会出离，只剩下非理性肆意妄为，主宰一切。

甘醇

爱的感觉就是如同舌尖上的一点甜蜜那样的心尖上的一点甘醇。

奇异

爱情是一个非常奇异的现象。不合常规，匪夷所思，超脱世俗，无法给出合理解释。显然是一种非理性状态。

淹没

常常感到，泪水淹没胸口。据说人体 60% 的成分都是液体，在一时间竟会觉得人体 60% 的成分都是泪水。要担心它喷涌而出，把我淹没。我细细体味，细细把玩这感觉，虽然苦涩至极，但是不无甜蜜。

情

各种情感都是入世深的表现，无论是亲情、友情还是爱情。入世深者有更多的快乐，伴以更多的痛苦；入世浅者快乐较少，但痛苦也少。

把玩

世间多是冷漠和生硬，所以一旦遇到柔情，一定好好珍惜，好好把玩。

柔软

无论亲情爱情友情，共同的感觉是柔软。在阴冷孤独寂寞的人世，唯有这柔软的感觉最可宝贵。

动人

人对万物的爱可以是动人的，如对美丽风景的爱，对人工制品的爱，对文学艺术的爱，但是最动人的还是对人的爱。因为究竟爱他什么。不是特别明晰，而是一种混沌的感觉。

熨帖

在一种关系中浸淫日久，渐渐就会有了熨帖的感觉，不再有误解，不再有猜忌，不再有依赖。仅剩单纯的好感和相知。

柏拉图

柏拉图式的爱也没有什么不好，有时显得比寻常的爱情更加强烈，更加纯粹，更加高雅。

喜欢

喜欢单纯的灵魂朋友关系，纯粹，深厚，满眼全是美好。

深刻

喜欢深刻的情感，厚重而不轻浮，深入而不肤浅，强烈而不清淡。愿与严肃的灵魂建立郑重而深沉的关系。

最可宝贵

世间最可宝贵的是亲情、友情和爱情，这些美好的感觉像一潭深水，紧紧包裹着人的身体和灵魂，使其感到惬意和温暖。其他的一切只是水上的泡沫。

交流

人的灵魂很少有机会与他人交流，因为那是一个极为细腻的活计。绝大多数的人的灵魂都是粗粝的，只有极少数人是细腻的，敏感的。

有趣

对某人发生了激情之爱，从旁观看是不可理喻的，而对当事人来说，却是生命中最有趣最惬意的事情。

爱的力量

爱的力量往往令人意外，如果不是遇人不淑，不是所爱非人，那么爱情的执着、持久、有力是无与伦比的，无穷无尽的，完全出乎自己意料的。

俘获

一个明确的意志会俘获一个模糊的意志；一个高热的事物会俘获低热的事物；一个浓烈的事物会俘获一个稀薄的事物；一个激情的灵魂会俘获一个冷漠的灵魂。

蛛网和昆虫

激情之爱就像一张蛛网，被爱的人就像黏在网上的昆虫，拼命挣扎也无法脱身，只好乖乖就擒。

宿命

有时，爱情就像宿命，不能轻易摆脱。

默默

世上最美好的感觉是默默地思念一个人，在心中描摹他的种种可爱之处，等待他的声音，他确实存在的证明，猜测他对自己到底是什么感觉。

宁愿

宁愿有没有得到回应的激情，也不愿意丧失激情。

回应

爱情是一个自身圆满的事情。无论它得到热烈的回应，平淡的回应，还是完全没有回应，它在自身圆满的程度上都没有什么差别。

俗气

最好的爱是纯粹的精神现象，只要掺杂了柴米油盐，就俗了。

司马相如与卓文君

即使如卓文君般的浪漫也最终变成怨妇，只能说明一件事：完美的爱情绝不能以婚姻和现实中的厮守的形态实现。爱情只能是精神交媾。肉体交媾的作用是生育，而不是爱情。

汹涌

汹涌的激情只有在精神领域才能持久，只要陷入物质领域，就像翅膀沾了油污的海鸟，再也无法飞翔。

帕斯卡

不应压抑非理性的激情，如帕斯卡所言："心有它自己的理由，理性并不知道。"

例外

人很难常常处于激情状态，只有两种情况例外，一是有渴望达到的目标；一是单恋。

亲密关系

人生中如果没有亲密关系，将是真正的孤寂，冰冷。亲密关系为人带来快乐和温暖的感觉。这些亲密关系是亲情友情和爱情。

曾经

曾经沧海难为水。王小波的完美令我此生所有其他的关系黯然失色。

乐趣

能给人带来最大乐趣的事一个是写作，一个是爱情。

超越

灵魂朋友是不可以用世俗的物质的肉身的标准度量的，他们的交流的深刻程度是无与伦比的，是不会被轻易破坏的，也是不会轻易中断的，它的深刻程度超越了世俗的爱情和友情。

故意

爱情有时是突然间发生的，有时是故意进入的。而多数爱情都两者兼备：如果不是一直的期待，爱情也不会突然发生；一旦发生，爱情的持续有故意的成分。

迷恋

当迷恋发生时，像醉酒，像在雾中，对象的本质被虚构，被歪曲，被美化，被遮蔽。一旦清醒过来，一旦来到光天化日之下，对象的真实状况显现，迷恋就结束了。如果继续沉溺，必定有故意的成分。

渴望

对于某种东西，越是渴望，得到的机会就越大。如果你根本不渴望，那些更渴望的人当然会先你得到。一个例子就是爱，在内心渴望爱情的人会比没有渴望它的人有更高的几率得到爱情。

感受

愿意沉溺在爱情之中，感受其中的美与快乐。尽管有时滋味是苦涩的，还是不愿出来。就这样沉溺终生吧。

沉溺

有时，沉溺也是一种幸福。人放纵自己，沉溺在一种浓烈的情绪之中，可以感觉到陶醉，迷茫，还有些微的慵懒，出世。

折磨

爱是一种高度的关注，任何高度关注的关系都是一种折磨。对对方的折磨和对自身的折磨。因为力度太大，所以会带来疼痛。古语说：君子之交淡如水，就是为了减少这种折磨和疼痛。

陶醉

爱是令人陶醉的，它是内心的非理性冲动，是无缘无故的激情，带有浓烈的味道和些微的疯狂（痴迷）。

单恋

单恋并不卑贱，那主要是一种苦乐参半的经验。

值得

恋爱是人生中最有趣的事情，最幸运的事情，最值得一做的事情。

永远

拥有永远不会失去的亲密关系是人生一大快乐，其中包括亲情友情和爱情。人总是伤别离，所以钟爱不离不弃的关系。

倾诉

如果一个人的灵魂总想向另一个人倾诉，那么他就是爱上了他。

味道

虽然在饮食上喜欢清淡，但是在情感生活中却偏爱重味、厚味，喜欢浓重，不喜欢清淡；喜欢热烈，不喜欢平和。

纯精神

纯粹的精神之爱是可能的吗？的确是可能的。它完全在想象之中，完全在精神领域，完全在灵魂之间，完全抽象。

实验

在自己身上做一个实验，看能否发生一次纯粹的精神之恋。世界是个实验室，自身就是实验材料。

有望

我仍有激情，它因某人而起，因某人的态度而延续，因某人的灵魂而有望保持终身。

鼓舞

福柯那保持终身的激情状态对我是一个意外惊喜，一个鼓舞，一个诱惑，使我向往像他那样，将激情状态保持终生。

温情状态

温情状态与激情状态相比是一个更舒适、更绵长的状态，更容易保持终身。人在其中得到心灵的宁静，而不是激越和狂喜。

理直气壮

灵魂之爱是世间最理直气壮的事情，因为它仅仅发生在人的精神领域中，仅仅是一种感觉，不需要向任何人道歉。

密友

人世间没有比密友更有趣的关系。默契，温暖，纯净，神秘，长久。

不同的爱

每个人的爱都不同，有的偏重感性，有的偏重理性；有的偏重肉体，有的偏重精神。但是无论哪一种，只要是爱，就有很好的感觉。

标准答案

爱有各种各样的形态，有的激情如火，有的柔情似水；有的火热，有的清凉；有的混沌，有的清晰；有的如醉如痴，有的如诗如画。所以"爱情是什么样子的"是个没有标准答案的问题。

解放

当人把自己从性对象的角色中解放出来的时候，马上就会成为自由人。他可以不再纠结于自己的相貌、身材、年龄、性别，可以毫无压力地自由自在自信地活着。

麻烦

世界上几乎所有的事情都是麻烦的，琐碎的，枯燥的，沉闷的，只有爱情除外。

礼物

爱情是人生的礼物。没有礼物的人生也不是不能过，多数人也没有得到过这样礼物。得到礼物的人是幸运的，幸福的。

兴趣

所谓爱情，不过是一个人对另一个人发生了兴趣，把他从芸芸众生中单挑出来。

倾诉

喜欢一个人最大的好处就是总有向他倾诉的冲动。

关注

爱情就是对一个人的期待。默默地关注他，期待他的关注。

观赏

远远地观赏一个人，不见得比耳鬓厮磨更差。距离产生美，尽管那美中有虚幻的成分。

完美

完美只在虚幻之中，不在现实之中。所以如果想追寻完美的关系，就不要让它变成现实，而宁愿它留在虚幻之中。

爱与错

只要是爱，就不是错。只要是爱了，就有绝对的理由，因为爱就是人心中的一种感觉，而感觉是无所谓对错的。

深处

美好的事物永远只在深处，不在表面。在心的深处，不在泛泛之交；在深深的海底，不在喧闹的浪花。

合二而一

所谓爱就是一种肉体和灵魂合二而一的冲动。

爱情即痛苦

胡适说：爱情的代价是痛苦，爱情的唯一方式是忍受痛苦。我想这一立论有两个来源，一是激情之爱总是单方面的，不一定能得到回应，所以痛苦；二是即使得到了回应，最终也会失去，因为死亡或者其他变故。

抽象

当灵魂爱到深处，对象还是一个具象的人，但是爱却变得抽象。

先与后

当人爱上一个人，首先愉悦的是自己，其次才是愉悦对方。

寻寻觅觅

在世上寻寻觅觅几十年，发现最有趣的事情还是恋爱。它给人带来最强烈最奇异的感觉，非其他事可比。

酿酒

交友的过程就像酿酒，只要品质纯正，放得时间越久，味道越醇厚。

留恋

看到章诒和说：这世界不值得留恋。她一定没爱上什么人。

前提

爱可以成为生活的基调。前提有两个：一个是主观的意愿和选择；另一个是可以爱的对象的出现。

安全感

所有的关系中，安全感是最重要的元素：你不会无缘无故地失去它；你在它那里总是可以得到预期的回应；你们之间的关系不会出意外。

舒适

好的人际关系是舒适的，恬静的，熨帖的。没有纠结，没有焦虑，节奏舒缓，感觉安全。

情愫

爱是一种紧张、专注、浓烈的情愫，绝对是反熵的。

最

爱情是人生中最精致、最优雅、最纯净、最有趣的游戏。

爱与苦

人生最大的快乐就是爱，无论是被爱还是去爱。但是，就连这一点可怜的快乐中也蕴含着痛苦，失去爱的痛苦，分离的痛苦，永别的痛苦。

滋味

爱就是又甜又苦的感觉，不知甜多于苦，还是苦多于甜。

无论如何，滋味备尝。

不可比拟

想来，爱还是人一生最可宝贵的经验。爱的激情、纯粹、强烈和缠绵，是所有其他经历所不可比拟的。

愿

愿心中常有激情，愿眼中常有泪水，愿爱情像长明灯，永远熊熊燃烧。

欢喜

当人知道已经得到一个灵魂朋友，而且永远不会失去他，心中感到欢喜。

解释

世上没有比人的情感更难以解释的事情。它的发生、发展、死亡，全都完全无迹可寻。正因为如此，它才成为文学艺术永恒的主题。

听从

听从内心的声音，无论做事还是交友。做内心有冲动去做的事，不做内心无冲动去做的事；交内心有冲动去交的朋友，不交内心无冲动去交的朋友。

净化

爱有一种净化人的灵魂的作用，它让人的灵魂飞升到常人无法企及的纯粹境界。

海鸥

在沙滩有一大群海鸥，其中两只突然起飞，以飞快速度相互追逐，上下翻飞。猛然想起王尔德所言"爱情就是两个蠢东西互相追来追去"，不禁莞尔。

知音

在几乎所有的事情上看法接近，对艺术的评判标准接近，嬉笑怒骂，相得益彰，其中的投契快慰无与伦比，惬意非常。

浓烈

喜欢所有浓烈的东西：浓汤，浓烈的情感，浓烈的情绪。酸甜苦辣的味道总是超过清汤寡水。

刺激

世间万物，从无机物到有机物，从矿物到植物到动物，是一个感官从弱到强的谱系，越靠近强的一端，对外界的刺激就越敏感；越靠近强的一端，就越是趣味横生，色彩斑斓，精彩纷呈。

投降

在人生的许多领域，人与人之间是竞争关系，唯有在爱的领域，人会向对方投降，贬低自己的价值，将自己的一切毫无保留地交到对方手中，请他裁决。

超越

人的情感是超越世俗的一切的，它超越了物质利益，超越了习俗规矩，超越了时间距离，是美好中的美好，是纯粹中的纯粹。

愉悦

人生最为愉悦的时刻是爱的时刻，无论是爱亲人，爱友人，还是爱恋人，甚至爱他人，爱社会。人生最为痛苦的时刻是恨的时刻，无论是恨一个具体的人，还是恨抽象的人类。

超凡脱俗

灵魂朋友是人世间仅次于爱侣的关系，是最高规格的人际关系。它有时甚至比爱侣关系更有趣，更纯粹。因其超越肉体，超凡脱俗。

忠实

灵魂朋友是最忠实最持久的，因为灵魂不像肉体那样容易衰败，变化。一个人灵魂的模样是极少改变的。

质量

灵魂之友是所有人际关系当中质量最高的，因为可以不受身体条件的约束，不受时间空间的约束，不受社会习俗的约束，所以是最自由的，最浓烈的，最有趣的关系。

惊喜

只有能给你带来惊喜的人才值得交往。

幸福感

长久稳定的亲密关系能够给人带来幸福感。幸福感来自安全、归属和温柔的感觉。

默契

默契的关系是感觉最舒服的。与浓烈的激情相比，后者是惊涛骇浪，而前者却波澜不惊。人喜欢惊涛骇浪，喜欢情感的浓烈激昂，但是微波荡漾也很好，感觉更熨帖，更舒适。

惦念

所有的亲情、友情、爱情不过是对人的一点点惦念而已。与世上的陌生人相比，你知道这几个人的存在，他们也知道和关注你的存在。人在世间只要是有所惦念的，那就是甜蜜的，如果一无惦念，就是真正的孤寂。

恋爱

恋爱是人生百年中所能遭遇的万千事情中最有趣的事情，愉悦感最强的事情，最值得花时间去做的事情。

纯精神

当爱停留在纯精神的层面，有不少长处：不会制造丑闻，不会伤害现实关系，怀恶意想讨伐的人师出无名，怀善意的人只会同情。

纯洁与肮脏

对同一种关系，纯洁的眼光看到的是纯洁，肮脏的眼光看到的是肮脏；善意看到的是美好，恶意看到的是龌龊。一个典型的例子是法国总统马克龙那个匪夷所思的老妻少夫关系。

爱与喜欢

爱与喜欢究竟是质的不同还是量的不同？在激情之爱刚刚发生时，感觉是质的不同，在持续一段时间之后，渐渐变成量的不同——爱只是更深些更浓烈些的喜欢。

冷静

当人冷静下来，一切都可以过去，就连可歌可泣的爱情也用不着寻死觅活。

灵魂

人的灵魂是一个最奇妙的东西，它飘忽不定，奇形怪状，自由自在，难以捕捉。它看似空无，却又是实实在在的存在。

镜子

物以类聚人以群分，朋友的聪颖、澄澈、善良、憨厚像一面镜子，正好照出了自己灵魂的模样。

孤独

人存在的真实状态是孤独的。无论发生多少人际关系，无论是实在的还是虚拟的，无论是生人还是熟人，人的存在在本质上仍是孤独的。这一点无法改变，无法逃脱。

味道

激情之爱是味道浓烈的感觉，既苦且甜，既酸且辣。寻常关系是味道平平的感觉，清汤寡水，淡而无味。

游戏

世间最有趣的游戏不是电子虚拟游戏，不是现实中的概率类游戏（如麻将），不是体育类游戏（如足球），而是灵魂的游戏：追逐、捕捉、推拒、屈从、淘气、驯服、躲闪、期待、犹豫、求证、忧伤、欢乐、痛苦和狂喜。

灵魂深处

如果灵魂深处的感觉都可以与人交流，而且得到同情，得到共鸣，得到抚慰，那是人生最美好的感觉。

伊甸园

爱就是两个人在伊甸园里的游戏。天真无邪，追逐嬉戏。两个人的灵魂都是赤身裸体的，无遮无拦的。

儿女情长英雄气短

情感生活与事业确实有此长彼消的关系。情感是非常细腻琐碎的感觉，而事业是粗犷辽阔的感觉。一个是细线条，一个是粗线条。

喜爱

人对某人某事喜爱与否是很难解释的。但有一点可以肯定，只做喜爱之事，只交喜爱之人，才有快乐可言，否则生活中尽是烦恼。

尽情

喜欢尽情地去做事，尽情地去交友。如果生而不能尽情尽兴，岂非虚耗生命？

过年

过年是亲情澎湃的日子，亲情是中国文化中最温暖的地方。西方社会中有那么多的抑郁症，恐怕与个人本位的价值观有关。

龟缩

在大寒的日子里，人龟缩在房子里，就像动物龟缩在窝里。亲情其实也是人的窝。

两情相悦

在所有的人际关系中，两情相悦是最罕见的，最不累的，最不烦的，最愉悦的，最美好的。

关系分类

人际关系大多可被分为两类，一类是先天的，比如亲人关系，与生俱来，无法断绝；另一类是后天的，比如交换关系，一方买，一方卖，公平交易，两不相欠。两类关系之外，还有一种比较罕见的关系，既非身不由己，也非利益交换，而是自主选择与利益无关的关系，其中最典型的就是灵魂伴侣关系。

遭遇

世界上能给人带来快乐的事情不多，一旦遭遇，要好好享用；人生中能给人带来快乐的人不多，一旦相遇，要紧抓不放。

有趣

世上最有趣的事还是男欢女爱。此处尤指恋爱。肉体的欢爱当然也有趣，但是有点千篇一律。最有趣的还是谈情说爱，因为人的灵魂是千姿百态的，不可捉摸的。

坐实

爱情在坐实之后，有趣程度骤减。只有在若即若离时、似有似无时、可望不可即时，才持续有趣。

情话

情话是听上去最傻可是能给说的人和听的人带来最多快乐的话。

好感

有时想想，没有爱的单纯的快乐也没什么不好。因为爱是一种过于激烈的情愫，把关系搞得过于复杂，过于沉重，过于黏稠，过于浓烈。就对人保持一种单纯的好感也没什么不好，简单，轻松，清淡，稀薄，似有似无。

醇厚

爱情是一种醇厚的感觉，它的味道既浓烈，又持久。

虚幻

在现实中无法实现的爱情，升华至纯精神的领域，强烈十倍，纯粹十倍。

肉体与灵魂

肉体的接触只是一时的，肤浅的，实在的；灵魂的接触却可以是持久的，深刻的，虚幻的。

心心相印

按说心心相印不该再有任何疑虑，但快乐熨帖与隐忧隐痛并存，这也是某种关系的魅力所在。

裸裎

能够与另一个灵魂无话不谈，裸裎相见，给人带来生活中最大的愉悦感，是偶尔摆脱深刻孤独感的短暂时刻。

思维定式

福柯与伴侣一直保持激情状态，打破了我头脑中的一个思维定式，以为激情不可能保持长久。看来，真的可以与某人一直保持激情状态，直至死去。

终身

每当想到我的激情真的可以保持终身，终身沉浸在对某人的激情之中，终身享用这一激情，像福柯那样，心中觉得幸福和幸运。

每日

每日生活在激情当中，心情愉悦，欢欣，宁静，清澈。过去不知道人可以一直这样生活，直到生命的终点。

一生一世

人如果热爱生命，就应当生活在激情之中，像福柯那样。不是一时半会儿，而是一生一世。

温柔

爱就是心中无限的温柔。

隐喻

爱就像黑夜在荒野奔突见到远处的一点灯火；爱就像冰封世界中一个突现的热源；爱就像在茫茫沙漠饥渴无助时突然出现在眼前的一片绿洲。

内心活动

有一种爱仅仅是一个人的内心活动，不会伤害任何人，不会制造丑闻。一个人不应该为一种内心活动受到惩罚和责备，人的精神活动和精神交流是绝对自由而不受制裁的。

量子纠缠

在相距极其遥远的地方发生共振和纠缠，属于人类对世界那95%无法解释的领域。爱情就是这样一种无法解释的东西，可能冥冥中自有缘由。

病入膏肓

深爱是一种病入膏肓的感觉，不会因为任何外在的干预而治愈。唯一可能的例外是对象变得不再可爱。

狂喜

人生中，狂喜的机会不多。做成一件事，得到赞赏时；交到一位灵魂朋友时；被一个人爱上时。这样的事件是平淡生活中的盐。

深藏

无法实现的爱情就像一块未经雕琢的璞玉，没有美好的外形，只有美好的质地。美好的质地深藏在难看的外形之中。

曾经

曾经沧海难为水。在经历过一段荡气回肠的爱情之后，所有的爱情生活都黯然失色。

幸运与美好

人生最值得去做的事情，一件是写作，一件是恋爱。最幸运的人生是遇到可以做这两件事的机遇的人生；最美好的人生是终身沉浸在这两件事之中的人生。

动力

性欲与爱欲是人生的两大动力。肉身有性欲的时候，寻求满足，满足会带来快感，受阻会升华至艺术创造；心灵有爱欲的时候，也亟待宣泄，得到爱会带来巨大的愉悦感，爱欲受阻也会升华至艺术，比如诗歌。

扔球游戏

爱情就像扔球游戏，一个人向另一个人扔了一只球，那人接住了，就是快乐；没接住，就是痛苦。

最可宝贵

人世间最可宝贵的是对某人不计利害的喜爱，来自心底的喜爱。

倾诉

爱一个人就是总想向他倾诉。

陶醉

愿意陶醉于爱的情绪之中，心情既宁静又不安，既平和又高昂，既快乐又痛苦，既甜蜜又苦涩。

花样百出

人一旦陷入爱情，就会花样百出，想说的话绵绵不绝，小动作层出不穷，它们像泉水一样从心中源源不断地涌流出来。

默默

默默的爱，只在心里的爱，没有实现的爱，也可以令人陶醉。

简单

幸福有时其实很简单，一两句简单的问候，灵魂的亲密无间而已。

比喻

在乌乌涂涂的杂乱色彩之中，爱是一抹亮色；在嘤嘤嗡嗡的噪音之中，爱是一曲美妙的音乐；在乱云飞渡的浩瀚天际，爱是一道闪电；在混混沌沌的人生之中，爱是一个存在的自觉。

人际关系

世间的人际关系远比人们以为的丰富，甚至可以说几十亿人当中，没有任何两对的关系是一模一样的，爱情、友情和亲情三大关系只是一个最粗略的概括，三类关系之外，有大量二者兼有、三者兼有或完全无法归类的关系，恰恰对应着人性的纷繁复杂。

归属

爱情主要是一种归属的感觉：我是你的，你是我的。就像萨特和波伏瓦，他们俩把这种关系保持了终身，尽管没有婚姻，关系也根本不是一对一的。

一往情深

喜欢处于一往情深的状态，感觉纯粹，兴奋，甜蜜，忘我。

汹涌

爱意永远在心中汹涌，这是最痛苦也最幸福的生存状态，最甜蜜也最苦涩的生存状态。

甜与苦

最美好的人际关系是甜蜜与苦涩参半的关系，甜蜜令人喜极而泣，苦涩令人黯然神伤。五味杂陈胜于淡而无味。只是一味甜腻，也是挺倒胃口的。

自由

爱情的感觉肯定是自由的。自由自在地爱，无论对方对自己的爱是一还是十。如果爱是被一种世俗的形式固定下来才得以持续的，或者是有交换条件的，那就不是纯粹的爱。

裴多菲

喜欢裴多菲的想法：生命诚可贵，爱情价更高，若为自由故，二者皆可抛。生命和爱情全都不能与自由相比。裴多菲的自由或许有很重的政治色彩，我心中的自由则更多精神自由的成分。

三种自由

自由是人生最重要的价值。自由包括身体的自由、人际关系的自由和精神的自由。

精神之爱

精神之爱可以超脱于物质生活之上，日常生活之上，甚至超脱于性别之上。当然，它的基础还是具体的人及其肉身。

健康关系

只有一个独立支撑的人才能与他人建立健康的关系，美好的关系。无论依赖还是供养的关系都不够健康，不够美好。所谓独立既包括物质，也包括精神。

无限

灵魂的交流可以成为快乐的源泉，而且竟然能够成为任何其他快乐无法比拟的快乐。肉身的快乐毕竟有限，精神的快乐却可以无限。这是不是因为快乐本来就是一种精神上的感觉？

单纯的快乐

人只活在单纯的快乐中也没有什么不好，身体的快乐和精神的快乐，不一定要与人建立被社会习俗认可的亲密关系。

缺一不可

理智是虚的，情感是实的；理智是硬的，情感是软的；理智是冷的，情感是热的。人生需要理智，也需要情感，缺一不可。

失去

如果有一个关系你知道永远不会失去，你会有喜乐之感。

孤独

一定要有亲密无间的关系，可以无话不谈的关系，轻松自如的关系，知音熨帖的关系，否则，人会感到真正的孤独。

变容

在现实中无法实现的爱，在幻想中变容。变得更加纯粹，更加轻灵，更加优雅，更加超凡脱俗。

解释

世上并非所有的事情都有合理的解释，严格说，大多数事情都无法解释。事情中有太多非理性因素。特别是一个人爱另一个人这类事情，几乎完全无法解释，因为其中的非理性因素几乎达到百分之百。

高密度

社会学总把周边人群分为两类：首属群体和次属群体，机械团结和有机团结，熟人与陌生人，如此等等，不一而足。而与一般的熟人关系相比，最高密度的交流在灵魂朋友之间。

虚拟

人类进入虚拟性爱时代后，似乎有了更多的自由。双方可以按照自己喜欢或对方喜欢的样子随意虚拟，超脱了真实肉身的种种不如意处。更美好的感觉还是两个灵魂的交媾。

安全感

安全感来自永恒的信赖，孩子知道他永远不会失去父母，朋友知道他们永远不会失去彼此，情人知道他们永远有心灵的默契。

最高级别

最高级别的人际关系是灵魂的沟通。与肉身关系相比，它等级更高。尼采说，有时与友人交谈还不如回家读书，与已故作家交流。后者更具个性，从不可预料这点来看，更有魅力。

稳固

稳固的关系必须是经得起摔打磕碰的，像敦厚的石臼。如果必须小心翼翼，精心呵护，就是脆弱的关系，像薄薄的瓷器。

相认

肉身的相认是偶然的，肤浅的，常见的；灵魂的相认是必然的，深邃的，罕见的。

爱与恨

爱永远强过恨。爱无论给自己还是他人带来的都是温暖与快乐；恨无论给自己还是他人带来的都是冷酷与痛苦。

忽略

要想与人交好，必须要有意忽略他的缺点。如果能够在无意中就忽略了，那就更好。

可爱怪癖

当爱情发生时，人会看不清，所谓被迷住就是这个意思。人看不出对方的缺点，甚至把缺点都当作他的可爱怪癖。

高产

激情状态是人生最有趣的状态，无论是对人还是对事产生了激情，必定是产出最多的状态，对人发生的激情产出爱和诗；对事发生的激情产出事业的成果。

未实现

人很难长久保持激情，即使是最浪漫的爱情也最终转变为平淡的亲情和友情，只有一种例外的情况：未实现的爱情，它会使激情状态保持很长时间。

甘醇

爱情给人的感觉是甘醇，甜蜜，浓厚，使人陷入微醺状态。

小概率事件

爱情绝对是一个小概率事件。需要众多因素的巧合，时间、空间、兴趣、品格，最主要的是灵魂的投契。所以爱的发生大多在文学艺术当中，发生在人的幻想当中，而在现实中发生和遇到的几率是很小的。

亲密

亲密的关系带来甜蜜，带来柔软，带来温暖，带来浓稠，带来意义，而一般的人际关系并不带来这些，大都是苦涩的，坚硬的，冰凉的，稀薄的，无意义的。

璞玉

常常感到，灵魂友人就像璞玉，未经雕琢，浑然天成，令人爱不释手。

癫狂

人生如果从未丧失理智陷入癫狂，就很无味。恋爱就是癫狂的典型事例。

年龄

在进入祖母级年龄之后，人不得不放弃很多激情。如果仍有激情，只能被认为是天赋异禀。但是在人际关系上不得不克制，因为牵涉到他人。

珍爱

能够与某人成为灵魂朋友是人生中最美好的事情，因为随年龄增长，人会悟到肉身的脆弱易腐，而灵魂却没有年龄，没有性别。这是人生中最值得珍爱的经历。

珍惜

人生能遭遇爱与美，乃是极大的幸运，一定珍惜。

柔情

对某人产生了眷恋和柔情，只不过是自己内心的一种冲动而已，由各种未知的因素决定；至于对方是否能够对你产生这种感觉，是完全未知的，也是由各种未知的因素决定的。

三情

人生最温暖的是亲情，最舒服的是友情，最甜蜜的是爱情。

比较

最自然最舒服的是亲情，最随意最自由的是友情，最强烈最折磨人的是爱情。

眷恋

对人世的眷恋包括对某事的眷恋和对某人的眷恋。如果全无眷恋，就是真正地厌倦了人世，生死合一了。

平白无故

爱就是每当想起那个人，就平白无故地热泪盈眶。

感恩

所谓爱，就是感恩，感谢命运安排你认识了这个人，感谢他的存在本身。

大千世界

大千世界，茫茫人海。如果能够从中认出一个人，就是最最快意的事情了。

渴望

所谓爱就是心中充满对另一个人的温柔与渴望。

诉说

灵魂朋友是一个诉说的对象。他让一个人对生活的绝望有个宣泄的渠道。

天上地下

纯粹的爱情往往在天上，而不在地下。所谓天上有两个含义：一是脱离现实的人际关系；二是脱离现实的物质生活。

爱意

爱意是人生中最美好的情怀；爱意是人生中最甜蜜的瞬间；爱意是人生中最寂寞的心绪。

情感类型

有的人爱的时间短，像渥伦斯基；有的人爱的时间长，一爱就是一辈子。有的人爱得浓烈，像一锅化不开的浓汤；有的人爱得清淡，像天空淡淡的白云。

沉溺

人沉溺在爱之中，是最佳生存状态。心无旁骛，如醉如痴。虽然明知有虚幻的成分（人生的短暂以及时间的无情），但是享受到的快乐却很实在。

约束

精神之爱是最自由的，它不受现实物质生活的约束，不受现实人际关系的约束，不受习俗道德的约束，不受时间空间的约束，甚至不受肉身的约束。因为它完全是发生在精神领域的精神活动。

精神游戏

爱情实际上是一种精神游戏，它源于一个灵魂对另一个灵魂的好奇和吸引，好感和喜爱。

默契

两人关系达到默契境界是最难得的，也是最舒适的。不必费心解释，争辩，厘清，计较，只是深深的默契。

难得一见

在生活中，最难得一见的是激情。它是情绪的极端化，是灵感的迸发。但是激情并不总是好事，比如激情犯罪，再如激情之爱。

专注

专注是做成一件事的要件。心里只有它，再无其他念想。没做之前，跃跃欲试；做的过程中，如醉如痴。写作是这样，恋爱也是这样。

人影

生命中所有的亲人、友人、爱人都只是陪伴自己一段时间，然后就消失了，在人心中成为或轻或重或深或浅的人影。

交友之道

交友之道不是与人纠缠不清，而是清楚地表达自己对对方的感觉，喜爱之情，渴慕之情。最重要的是自己的独立支撑，不可依赖对方。

交集

人在世上生活，与绝大多数人只是平行线，永远没有交集；只与少数人成为交叉线，有一次交集；一直胶着在一起的恐怕只有数人而已。珍惜。

远方的友人

有友人，在远方，终身不得相见。但人只要心意相通，就可灵魂交流，甚至可以达到水乳交融的程度。

重合度

所谓爱，就是两个灵魂的重合度，重合度最高的是最完满的爱；重合度不太高的是部分的爱；没有重合度的就无爱可言。

好奇

激情主要来自对另一个灵魂的好奇和喜爱。

独自

人仿佛生活在关系之中，亲人、友人和爱人，归根结底还是一个人独自在世间行走，独自一人来，独自一人走。

交往

世间多数的关系可有可无，无足轻重，唯有灵魂的交流必不可少。缺了与一个活人的精神交往，人在世间才真正孤独。

温度

灵魂朋友就像一件柔软的衣服，穿在身上很舒服；灵魂朋友就像25度的气温，让人既不觉得太热，也不觉得太冷。

挑出

爱情其实就是从心里喜欢一个人，关注他，喜欢他的样子（肉身的样子和灵魂的样子），喜欢他的声音，喜欢他的想法，喜欢他的性格，喜欢跟他在一起，喜欢跟他说话，把他从人堆中单挑出来。

惬意

最惬意的生活方式是不理睬纷纭世事，国际，国内，大群，小群，全都不搭理，只是一味沉浸在爱情之中。

感动

常常被自己的爱感动得泪流满面。因为爱是那么水晶般的纯净，大海般的汹涌，烈火般的热烈，碧空般的清澈。

长久

亲情、友情、爱情三者之间，亲情最长久，友情次之，爱情最短暂，迸发之后，归于平静。所以如果眷恋某人，就应当从爱情转向友情最终转向亲情。当然从强烈浓厚程度看，顺序是反过来的，为人带来的快感和美感也是反过来的。

软与硬

人生只有在涉及情感的部分才是柔软的，其他部分都是坚硬的。

孤独

人在身体上孤独并不可怕，在灵魂上孤独才可怕。我指的是灵魂不与任何一个具体的灵魂交流。即使是梭罗在瓦尔登湖独处时，也还是有几个朋友的。

舒服

茕茕孑立形影相吊的生活自从《陈情表》的年代就令人觉得很惨，而我在有独处的机会时，感觉却很舒服。主要是精神上的自由可以是无边无际的。

之一

人一旦陷入爱情，会觉得人生中没有什么比它更重要。其实，爱只是人生中诸多重要的事情中的一件。它也许比其他事更快乐，但绝不是唯一重要的。

偏爱

在所有的人际关系中，偏爱纯粹的，不喜芜杂的；偏爱明亮的，不喜晦暗的；偏爱欢快的，不喜压抑的。

守株待兔

世间有缘分之人自会找上门来，可以取守株待兔的心态，等待友人，等待爱情。

独立

人要想爱一个人，首先自己必须是一个独立的人。有独立的身体，独立的灵魂，独立的人格。所以在大多数传统婚姻中并没有爱。

爱的甘醇

爱是一种极为甘醇的感觉，在有爱的那一刻，心是纯净的，甜美的，陶醉的，自由的。

逃避

爱是一种逃避开世间的一切琐碎、无聊、丑陋、平庸的办法。当人爱的时候，生命得到了升华。

好感

所谓爱其实只是对某人的好感。只要掺杂了任何其他的成分，就不再单纯。

飞翔

人们之间的一般相互感觉只是爬行，微弱而踏实；而爱的感觉是飞翔，强烈而虚幻。

情愫

世间万千种情愫，唯有爱最宝贵。只要一想到爱，就会泪流满面。再没有一种情愫如此浓烈，如此纯粹，如此美好，如此超凡脱俗。

黏稠

人一旦有了情感，关系就变得黏稠。关系变得黏稠就会有纠结，有焦虑，患得患失。切记"君子之交淡如水"。退一步，也只保留精神上的黏稠，放弃物质上的黏稠。

自然

关系只有在自然的情况下才能是持久的，舒服的，可爱的，美好的。如果有不自然的成分，就是对关系的戕害。看《外交官的女人》，那个男人对女人的爱过于激烈，神经质，喜怒无常，嫉妒得毫无道理，看着就非常难受。

伤害内在于爱

只要爱，就会受伤。或因为无法实现，或因为最终的离别。既然如此，就安之若素。宁肯受伤，也不放弃。

沉溺终身

知道有一个爱可以沉溺终身，心中有安心的感觉。这是找到心灵归宿的感觉。

谜团

激情之爱极为罕见，它像一个无法解说的谜团，不知为什么会发生，有自身的原因，有对象的原因，有双方细微感觉的原因。它是一种交流的冲动，让对方知道自己的存在的冲动。

三领域

人生可以划分为三个领域：物质领域，精神领域，人际关系领域。人际关系领域与人的幸福感关系最大。

烈火

激情之爱最像烈火，绚烂无比的同时，有很大的杀伤力、摧毁力，因为它完全是一股非理性的力量。如果失控，后果非常严重。典型的事例：罗密欧与朱丽叶；少年维特；安娜·卡列尼娜。

沉淀

当爱沉淀到心的深处，是一种超脱的感觉。它已经超脱了世俗的荣辱，超脱了肉身的羁绊，成为内心无以名状的快乐。

心中

有另一个灵魂，常常在我心中，这是一种很温暖愉悦的感觉。当然，也感觉到对方的温柔和关切，并且是完全不计利害的。

诉说

人既然活着，就常常有诉说的欲望。如果能找到那个可以诉说的人，是莫大的幸运。

宁愿

宁愿有爱，即使可望而不可即；不愿无爱，即使整日厮守。

爱

让爱的浪潮在胸中汹涌，让爱的歌声在心中萦绕，让爱的絮语在耳边呢喃。

归类

世界上所有的二人关系都不会一模一样，而是全都有自己的模样。有几个大的归类：爱情，亲情，友情。但是有很多关系无法归类，至少无法归入这三大类。比如一半爱情一半友情的关系。

内容与形式

与内容相比，形式不重要。人际关系也是这样，内容是人心灵的契合度，归类和外在形式并不真正重要。

熨帖

只有当一种关系给人带来的感觉是熨帖时，才是好的，值得保存的。无论是爱情、友情、亲情，还是那些无法归类的情感。

甘甜

真正美好的人际关系给人甘甜的感觉。你知道你在这个世界上认识一个人，对他怀有温柔的感觉，而且知道他对你也怀有同样的感觉。

好意

交友之道唯有满怀好意，没有恶意，没有邪意，没有除了相遇相识相知之外的任何意图，只有赤子之心。

静思

静思自己的生活，觉得不能没有爱情。对于自己能够陷入爱情的遭遇，除了痛苦和无奈，也感觉到幸运。不然，生活会无趣很多。

激情澎湃

人生如果能过上激情澎湃的生活，那是最幸福的，最典型的是艺术家和恋爱者，他们的生活常常处于激情状态，是所有人当中最幸福的人。

静静

静静在心中爱一个人的感觉非常好。纯净，快乐，圆满。

中奖

如果一生中能够遭遇激情之爱，无论是爱一个人，还是被一个人爱，都像中奖一样。因为发生几率并不很高。

诗意

有的灵魂是有诗意的，有的灵魂没有。偏爱有诗意的灵魂。

生命力

能否保持激情状态，取决于生命力的强弱。生命力充沛的人才能保持写作的激情和爱的激情。我对自己的激情抱着一分好奇，也有点战战兢兢，不知激情之火何时会熄灭。

财富

人无论拥有多少物质财富，也比不上精神财富。精神财富包括已经过世的人留下来的文学艺术哲学思考，还包括现世的灵魂朋友。

缘分

看到一幅画，标题是"缘分天注定"，画面上是一本小说，小说标题是"那些爱过的哪个不是一见钟情？"爱就是缘分，而缘分的成分复杂极了，有外因内因环境教养品性趣味，最主要的还是灵魂的情调。

独立与依赖

健康和美好的关系只能是独立支撑的，人格自身圆满的，而不是依赖的，自身残缺的。相互独立的关系像两个重叠的圆，有的关系重叠较多，有的关系重叠较少；相互依赖的关系则往往既不健康，也不美好。

涂
鸦

写作与活着

一日不写，一日就没有活。无论是写什么——格言、随笔、诗、小说——只要一日没有写，这一日就没有活过，就是虚掷。哪怕只写了几个字，几十个字，几百个字，那也算是活过了。

天才

只要有写作冲动，就是一半天才；如果能写得好，就是整个的天才。我的问题是写作冲动时有时无，所以我不是天才。

冲动

艺术家最重要的是内心的冲动，技术倒在其次。对于小说家最重要的是写作的冲动；对于画家最重要的是画画的冲动。

上帝之手

真正的作家都不是靠自己写作的，而是上帝之手通过他在写。那手在，就可以写；那手不在，就不能写。那手想写什么才能写什么，那手不想写的就完全写不出。

冥想

写格言和随笔就是我的修行，写作的时候就是冥想存在的时刻。

写作的人生

写作的人生是可以想象到的最好的人生。所谓好是指创造，宣泄，活在想象的世界之中。

把玩

常常会把玩自己写出来的东西，带着一点讶异，一点窃喜，好像自己也纳闷，怎么会写出来的。是冥冥中有一只手写的，不是我写的。

木心

木心说，每天写，写十年。他真是一个最励志的人，而且也是我感到内心共鸣最多的人。

希望

希望一直有写作冲动，即使一时丧失，还会复归。否则生活将变得味同嚼蜡。

关注

人能够写的只是他关心的事。关注爱的人才能写爱；关注阶层差异的人才能写阶层；关注钩心斗角的人才能写宫斗；关注政治的人才能写政治。

生与死

人如果还有写作的冲动，就是还有生命力；如果丧失了写作的冲动，就渐趋死亡。

写作者

写作者有两类，一类是天才，有压抑不住的写作冲动，被压抑就痛苦至极，比如卡夫卡；另一类是玩票者，因为无所事事而写，因为穷极无聊才写。

计较

不应计较一时的得失荣辱。原因之一是，以长时间段看，一时的得失并无重要性；原因之二是，作品的价值不会因一时的畅销与否而有所改变。

潜心

人能够潜心于某事，才能有所成就，而驱使人能够潜心的，唯有真正的兴趣与好奇。

明晰

比起思想的深刻，我总是更倾向于明晰，觉得凡是语焉不详的思想不是没想清楚，就是故弄玄虚。

虚度

光阴虚度的感觉是最糟的。所以每天都应写作。做点什么，创造点什么，至少享用点美好的事物，总强于虚度的感觉。虚度光阴就是虚掷生命。

天才

听一位画家说，天才不重要，很多人都有天才。感觉十分意外，与一向以为的天才罕见说大相径庭。细想是有道理的，很多成就只不过是长时间地盯着做一件事做出来的。

冲动

艺术冲动的源头是生命的冲动。有的人有冲动，有的人没有冲动。有冲动的人才能从事艺术，享受创作的过程；没有内心冲动的人只是在虚耗生命，徒劳无功，折磨自己，折磨别人。

毕加索

毕加索一生画了三万多幅画，他一定幸福得不得了。我现在找到了他画画的感觉，自信，快乐，随心所欲。

浅薄

生活原本就非常简单、粗陋，文学也不得不变得浅薄。深厚在哪里？深刻在哪里？

简单明了

所有的哲学和理论在我心中都是简单明了的，没有一般人不能轻易明白的，所以没有办法深刻。也许真理就是简单明了的，既不复杂，也不费解。

敏感

敏感与羞涩是写作的先天决定因素。如果不敏感就不会见常人所不见，感常人所未感，也就不会写。

厨师

写作者就像厨师，他做了一道菜，总是有人说好有人说坏，有人喜欢有人厌恶，有人酷爱有人无感。厨师如果太在意他人感受，会丧失自信，无所适从。要记住两件事：一，菜做得好不好还是有客观标准的，他人的评价并不能影响作品的实际水平；二，听他人评价对作品的好坏毫无作用，作品该是什么样还是什么样，只会影响到心情——高估带来快乐，但也许是虚妄的；低估带来痛苦，但也许是不确的。

向往

我向往那至纯至美的境界，它不在现实生活中，只在写作中，在幻想的世界中，在精神的领域。

灵感

当灵感来临，心中有狂喜。生活回归正轨，每天都有所期待。

动机

有的人写作是享乐；有的人写作是工作；有的人写作是战斗。为享乐而写的人得到快乐；为工作而写的人得到报酬；为战斗而写的人得到胜利。

照亮

清澈的思想像灯光，照亮人世的暗夜。

严肃

有的写作是严肃的，有的写作是娱乐的。真正的好作品当然必须是严肃的，尽管其行文可以是幽默诙谐的。

少见

写作是世上很少见的既可享受过程又可享受结果的事情。如果能够终生做这件事，定会乐此不疲。

来源

写作的自信有两个来源，一个是天赋，一个是后天的修为。有天赋才能写得出来，有修养才能写得好。

顺产与难产

写作时有两种状态，一种是顺产，一种是难产。顺产时自自然然，有如神助；难产时磕磕绊绊，痛苦异常。但是只要生出的孩子是活的，有生命，就好。

说人话

自己说人话，小说中的人物说人话，这是底线。世间充斥的多是机器的噪音而已。

说出

多数生灵在一生中只发出声音，并没有说出过什么。说了点什么的是少数文学家和艺术家。

内心世界

作者都是活在自己内心世界的人。外界的人和事对于他们来说似有似无，可有可无。

低潮

当写作进入低潮，生命也随之进入低潮。这充分说明，巴塔耶的"写作是生命最重要的行动"一说对我来说是真实的。

自我

除了自我所感觉到的快乐和痛苦，没有什么是值得一写的。

精神生活

自己的生命还是要自己经历，写作主要是一种精神生活，出版和评价都是身外之物；交友也主要是一种精神生活，相聚和厮守也没有那么重要。

世俗

中国人由于没有宗教信仰，最看重的价值是世俗的成功。写作却不是世俗意义的成功，写作给人带来的快乐和自由感觉是巨大的，即使帝王想来换换身份也不情愿，他们虽然表面风光无限，但在快乐和自由两个方面差得太远了。

涂鸦

拉开架势要写传世之作，这是一种态度；随心所欲，信手涂鸦，这也是一种态度。我倾向于后一种态度，自己心理压力要小得多，心情也愉快得多。

位置

艺术家都是最自信之人，相信自己做的是好东西，不论他人作何评价。因为艺术家所做的必须是前人没做过的，如果不自信，就没法做。而自信来自对所涉及领域的了解程度，知道自己做的东西在其中的位置。

如醉如痴

人生在世，最值得做的两件事，一是写，二是爱。写带来陶醉，爱带来迷醉，愿终身浸淫在写与爱之中，如醉如痴。

幸福

永远不必去写言不由衷的文字，只写从自己心中流出来的话，这是我的写作准则，也是我感觉最幸福的事。

不朽与速朽

什么都不可能不朽，因为50亿年后的人类消失。相对于50亿年，一切人类向往的不朽都是速朽。我的写作从来没打算不朽，所以我写得很轻松。

潮汐

写作的冲动就像潮汐，涨潮时处于生命的高潮，退潮时处于生命的低潮。

纯粹

艺术的最高境界当然是美，而纯粹是给人美感的，一种审美如果是纯粹的，才有可能是美的，即使暴力、杀戮和鲜血，如果是纯粹的，也可以从中感受到美，被称为暴力美学。

门罗

读门罗的小说，既不伟大，也不好看，只是非常地真实，真实到没有戏剧性的程度。她能获得诺贝尔奖真是让人意外。即使能得诺奖我也不会像她那样写的。

数日子

在无法写作的日子，能痛切地感到时间的流逝和老之将至。一日一日，就那么糊里糊涂稀松平常地浪费过去了。

浪漫主义

是现实主义还是浪漫主义？我的心永远倾向于浪漫主义。现实生活还不够烦闷无趣吗？连写作这点乐趣也要被现实生活的平庸和无聊吞没吗？

表达

人写诗的冲动来自诗意的心境，而这心境源于眼前出现了美。人遇到了美，发现了美，把对美的感受表达出来。

写诗

人能不能写出诗来，是他生活质量的一个标志：能写出诗的时刻活在诗意之中；写不出诗的时候活在世俗生活之中。

原欲

升华理论：当原欲受阻时升华至创作冲动。按照同一逻辑，当冲动缺失的时候，一定是原欲降低了。

局限

每个人只能写他熟悉的人和事，即使不是现实主义的，而是浪漫主义的，超现实主义的，也只能是他熟悉的事情。

打发时间

我写作的主要动机是打发时间。如巴塔耶所说：写作是生命最重要的行动。如果不写，那就如同死去。既然活着，就只能写，只好写。不然有什么事是值得一做的呢？

妄念

人有许多妄念，其中最典型的就是想长生不老。肉体的不朽被证明毫无希望之后，人们转而希冀精神的不朽。文学艺术和哲学创造的冲动来自这个念头。五百年不朽是可能的，但是50亿年之后还是会湮灭，那是人类和地球的寿命。

恬静

在完全无所事事的日子，没有任何活动安排，没有电话微信，打开电脑，写下心中流淌的文字。恬静的感觉。

纠结

绝对不应纠结于自己作品的优劣高低，因为完全于事无补。一个人能不能写，能写出什么样的东西，早就被无数先赋与习得的因素决定了，没有超水平发挥这回事。所以也没什么可纠结的。

创造与享用

读小说就是享用美，写小说就是创造美；被人爱就是享用爱，去爱人就是创造爱。

重复

发现很多画家的画都是重复的，一个主题、一种画法反反复复地出现，我的小说也是这样。原因就在于，那是原始冲动之所在。

看出

能够看出别人写的东西哪里不好，或者仅仅是感觉到不够好，就是自己可以写得更好的契机了。

自得其乐

文学艺术这东西一定是首先要自得其乐，然后才有可能给别人带来快乐。

提纯

人生应当是对自己的灵魂不断提纯的过程。制作艺术品就是一个提纯的过程；制作自己人生这件艺术品也是一个不断提纯的过程。最终使生活中的各种杂质被祛除，变得越来越纯粹。

写爽

写作是生存方式，是最好的打发时光的方式，是最好的娱乐方式。写爽了是最幸福的，最快乐的。

源泉

我现在不再担忧写作枯水期了。因为写作的源头就是我的生命。只要我还活着，还有生命力，就可以写。等不能写的时候，就快死了。写得好坏是难以操控的（天赋，修为，甚至是性格），能写就很幸福。

间歇泉

写作冲动就像间歇泉，忽而文思泉涌，忽而静若止水。在喷发的时候狂欢，在停歇的时候隐忍，静静地等待。

静等

在灵感隐身时，静静地等待，不过于急躁，相信它会再来。因为灵感来自灵魂的冲动，而冲动来自生命力，即存在本身。只要活着，就还有生命力，只不过有强弱之分。

度过

写出来的是什么东西并不重要，重要的是写作本身，为写而写，作为一种度过生命的方式。

真挚

真挚的人容易不自信，他总是怀疑自己的作品不够好。

直奔

读书的过程就像一个过滤器，把沉闷冗长琐碎无趣的文字过滤出去，直奔美的内核，直奔最有趣的地方。这样阅读的直接效果就是，当自己写作时，也会直奔美的内核。

疯狂的火花

罗宾·威廉姆斯语：你只被赋予一点点疯狂的火花，你一定不要丢掉它。刚好看到福柯提到他发掘的里维埃案及参与影片制作过程中的"我的一点点激动与狂热"。英雄所见略同乎?

交往

写作其实是跟更多人交往的一个途径。本来你只活在自己一个人的身体里，或者不超过十个熟人的圈子里，写作是对更多人讲讲自己而已。

写作的类型

写作有两种类型，一种是冲动型，全凭自然涌流，想到什么写什么；另一种是冷静型，一切经过严密策划，布局，像完成一个工程。

心痒

人生最欢乐的时刻是心中痒痒地期待去做自己喜欢的事的时刻。记得一位作家说过，每天应当写到自己特别想写的地方停顿下来，以便来日写作之前心中就跃跃欲试。

经典

如果文学评价按照经典文学标准，人总是不能自信；如果按照一般世俗标准，就知道已是很好了。但是人为自己订立的标准难道不应当是经典的吗?

王小波

王小波有次说：我要试着创造一点点美出来。创造美是人生在世最值得一做的事情，也是能享受过程的事情，无论结果如何，都能给人带来最大的快乐。

涌流

还是偏爱内心的涌流，如果文字不是来自内心的涌流，而是来自精心的策划，总会有种不自然的感觉。

倾诉

写作是灵魂的倾诉。世上有话想要倾诉的人不多；能够把想说的话变成文字的人更少；能够把文字变成艺术品的简直就是凤毛麟角。

浅薄

常常被人讥为浅薄，自己也觉得确实没有什么东西是深奥难懂的（除了自然科学）。如果祛除故弄玄虚的成分，所有的人生道理和社会原理都是简单明确的。

生活流

小说有两种，一种是生活流，都是日常可以见到的人和事；另一种是浪漫想象，是现实世界极少遭遇的人和事。

打动

在汗牛充栋的古诗中，真正的好诗也没有几首，凡是脱颖而出的，都是有真情实感的，来自内心深处的。只有作者的心真的动了，才能打动读者的心。

两难

是遵循自己的喜爱去写，还是遵循可能的评价去写，这是一个两难窘境。可是最终人只能选择前者，因为不选择前者，会写不出，而且也并不会比后者写得更好。

沉着

做事要沉着，不急于求成。沉着来自对作品的信心，非功利的动机，以及享受过程的满足感。

纯正

人应有纯正的心，纯正的思考，纯正的话语，纯正的文字，纯正的灵魂。

新词

一个优雅的人多少会有点保守，在文字和语言风格上比较不容易接受没有经过时间沉淀的新词。

自由境界

当人的写作不需要为钱，也不需要为名，就进入了自由境界。他可以完全自说自话，可以任性而为。可以写没有细节的小说，可以写没有韵脚的诗歌，可以画没有章法的画，可以做没有旋律的音乐。完全的随心所欲，自由自在。

永恒主题

贫富差异、地位差异是人们真心关注的永恒主题，牵动几乎所有人的神经，因为这是人们此生最主要在做的事，是所有焦虑和纠结的核心。但是我就是对它提不起兴趣，这也是无可奈何之事。

萧红

萧红这么有才华的人，生命竟然是如此悲惨。看她的生活，悲悯她所处的时代和社会太违反人的天性，对个体尤其是女性个体的压抑太深重，连自由恋爱都违反习俗。如果不是压迫如此深重，心情抑郁，她恐怕也不会早夭（31岁）。庆幸时代不同了，习俗不同了。庆幸没有生活在她的时代。庆幸那个苦难的时代已成过去。但是完全按照自己的意愿生活，还是需要一些勇气的。

神经质

太宰治的小说虽然很刺激，很醒目，但是给人太过神经质的感觉，白描出一种病态的人格，一个心理不成熟的人对周边世界的真实感觉。倒是《再见》一篇显得才华横溢，可惜没有完成。

真诚

纪德曾说，在写作者所有的品质中，真诚最可宝贵。我愿意我写的每一句话都是真诚的，发自内心，记录内心的挣扎和在心中真实发生的一切。

真实

最重要的是真实发生的感觉和情绪，所有的外在形式都不重要。

自信

天才都表现为自信。相信自己做出来的东西是好的，美的。不大在意他人的评价。

知与识

读木心《文学回忆录》，看到知与识，知识加见识。知识易得，见识难得。知识是别人的，见识是自己的。知识是大众的，见识是个人的。知识是一般的，见识是特殊的。知识是粗浅的，见识是深刻的。知识是质朴的，见识是飞扬的。知识是灰色的，见识是亮色的。

现代诗

读现代诗歌集，对于其中的各种流派不甚了了，什么印象主义，达达主义，超现实主义，只是觉得，所谓诗歌，就是直抒胸臆而已。

风格

在人完全不必有其他想法（文学评论家的评价，是否畅销）的时候，就可以完全随心所欲地写了。夹叙夹议也可，没有细节也可，导演跳出来说戏也可，所有戒律都可以打破，爱怎么写怎么写。于是，这种写法也许就不再是缺陷，而是你的风格。天下本来没有路，你一直走就走出一条路；原本没有人这样写，你这样写就成了你的风格。

沉郁

常玉的一生是沉郁的，从他的画中可以看出他的心情。生活难道不就是如此沉郁的吗？

画商

画商就像画家身上的跳蚤，吸他的血，在他身上跳来跳去。画家身无分文，穷愁潦倒，可与画商相比他还是更加高大伟岸。

茅塞顿开

读现代诗，有茅塞顿开之感。那些人并不刻意"写诗"，而不过是对自己生命中的感触大发感慨而已。

美化

在参透之后，能直接感受生命之空虚。明知无用，真是很难再做任何事。写作就是用想象的精彩美化平淡无聊空虚的人生。

记录

人的生活中多数的事情都是不值得记录的。希望我的生活中有比较多值得记录的事情和感觉。越多越好。

期待

在真正枯坐无言时，精神的痛苦与日俱增。只能默默等待，默默期待，默默积累，让心中的冲动慢慢积累，直到有了新的冲动。

兴致勃勃

每天早上醒来，想到写作，心中兴致勃勃。如马尔克斯所说，每天的写作应当停在明天知道写什么的地方。这样你会兴味盎然，会跃跃欲试，会心急如焚。

萨特

萨特说："我生命的意义就是写作，它是从变成过去的现在（我不写了）前进到另一种现在（我正在写），一本书正在形成而在未来结束。"原来生命的意义对一些人来说就是这样的。生命对于我的意义也越来越接近这样。

写作与生活

总是记得巴塔耶所说，写作是人生最重要的行动。以我的诠释，他这句话源自写作的两重意义，一重是说，写作就是每日生活的内容；另一重是说，写的东西并不刻意，而是生活本身。

涂鸦

想到自己的大好时光、大好生命将白白度过，虚掷，心中黯然。还是应当没事涂涂鸦，权当打发光阴。

现实

无论是写历史还是未来，如果没有对现实的描摹，就是一种拔着自己的头发离地的努力，是不可能成功的。

文学

有的人把文学当作志业，孜孜矻矻，含辛茹苦；有的人把文学当作愉悦自己的方式，如蒙田的自说自话，或者如巴塔耶所说，是耗费自己生命的一种方式，把它当作自己人生中最重要最喜爱的一个行动。我是后者。

立法

尼采有次讲，思想家应当成为立法者。我觉得此话有两重含义：一是思想家的思想具原创性，是前人无法评价的；二是思想家建立了一个新的评价标准，就像立法一样，后来人会按照他们创造的新标准来评价事物。写作者也如此，他们写的东西是好的，可是按照旧有的评价体系，它却无法归类，无法评价，于是这写作者就创造了一个新的门类和新的评价标准，也就是立了新的法。

体验

世上有许多有趣的事情可做，最有趣的是写作。在写作时，可以体验美，甚至可以体验爱，至少可以体验到与人交流的快乐。即使完全是自说自话，也是一件非常有趣的事情，是人生最值得一做的事情。

本能

我本能地躲开所有沉闷的学问，沉闷的话语，沉闷的思想，对它们似乎有种过敏症似的反感，避之唯恐不及。与此同时，我本能地倾向于活泼的思想和话语。

纯粹

写作的动机要纯粹，如果带了赚钱的动机，如果带了出名的动机，就不会写出好东西，就不会有美，就不会真诚，就不会打动人。

凄凉

看到65岁停止写作的萨特说，他已经写完了所有他想写的东西，觉得非常凄凉。我会一直写下去，使自己的生命不至于陷入如此的凄凉。

观察

小说家观察自己的身体，诗人观察自己的情绪；故事与身体有关，诗歌与情绪有关。一个写小说又写诗的人，既观察自己的身体，又观察自己的情绪。

冲动

人如果丧失了写作的冲动，丧失了性的冲动，他也就丧失了生命的冲动。

不耐

对于无趣沉闷的东西的不耐是鉴赏力的表现，所读的、所看的都不可以是沉闷无趣的，实在不能忍耐。自己写作时也会不知不觉用这个标准过滤自己的所写之物。

高雅与低俗

高雅必定曲高和寡，低俗才会热热闹闹。如果不需要追求名利，就不必迎合俗众。

热血沸腾

对于某件事，在做之前感到热血沸腾，这是一个艺术家的创作前提。

幸运

人能够找到一件事，愿意一直做下去，自得其乐，乐此不疲，这是最大的幸运。我偏巧找到了这样的事，就是写作。我是一个幸运儿。

有限

每个人能做的事情都极其有限，因为时间有限，精力有限，才能有限。即使天赋很好，像马尔克斯那样高产，也是有限的。

死去

让已死的语言死去。古代语汇凡是现代人不用的，就成为一门精深的学问，由语言学家去研究和把玩。现代人不懂也不可耻。

原创

不能想象去说别人说过的话，那就像去咀嚼别人吃过的口香糖。

灵感

当灵感来临，心中像暗潮涌动，跃跃欲试，摩拳擦掌，处于一种欣快的状态，有幸福感。

打坐

我的写作就是我的打坐，连姿势都是打坐的姿势：我喜欢在一张宽大的椅子上盘腿而坐。而我的写作也有修行的意味。写作内容又偏于冥想，更像打坐了。

美好

写作是最美好的生活方式，与娱乐相比，写作的感觉更有趣些，吃喝拉撒这些日常生活就更加无趣。

缺乏信心

对自己的文字总是缺乏信心。因为标准过高，总是以文学经典为标准的。如冯唐所说：你像绝大多数有真才学的人一样，没有自信。原因就在这里。现在，自信心强了些。似乎可以再强一些。但是我的谦逊是深入骨髓的。

谦逊与自信

人应当谦逊，因为无论多大的成就，仍会有不尽如人意之处。但人也应当自信，如果总是怀疑自己的作品不够好，也就不会快乐。

潺潺

窗外雨潺潺，秋意阑珊。坐在家中电脑前，听着落雨，随手写下自己的心境，这样的生活愿意再过一百年。

快活

每个人的评价其实都是毁誉参半众说纷纭的，自己只顾快活，让别人去说。

真诚

每句话都来自内心的思考，每句话都经过自己心的牙齿的咀嚼。

相对

所有作品的评价都只能是相对的，不是绝对的。你的好，还有比你更好的；即使莎士比亚的作品，也有这部更好那部稍差的情况。所以可以释怀。

惬意时刻

最惬意的时刻就是陷进靠垫，跷起二郎腿，把笔记本电脑支在肚子上写作的时刻。思绪像幽灵一样在脑海中出没，文字从指尖流向屏幕，心中充满喜悦。

妄自菲薄

老有一种妄自菲薄的倾向。其实不必。世上真正能够提出新鲜见解的人很少，不过福柯等几人而已，多数人只是把已经有过的思想阐述得比较好而已，如福山。既然如此，也用不着过于没有自信。

整体和具体

生命从整体上看是偶然的，荒诞的；从具体看则是残酷的，丑陋的。因此，所谓现实主义的写作只能是荒诞的，丑陋的，只有那样才真实，而美只能是浪漫主义的。真即美是一个错误的命题。

厌倦

当人真正厌倦了一切，他就厌倦了生命本身。一篇小说写了一个上岁数的男人对女人的感觉：虽然表面还在交往，内心已完全没有兴趣。写出了人厌倦生命的感觉。

商业和艺术

商业和艺术是不同的东西，商业的目的是利润，艺术的目的是美。

真诚

只有真诚的写作，才谈得上美。只要有一丝一毫的虚情假意，美就逃得无影无踪。

深刻与肤浅

复杂并不等于深刻，晓畅也并不等于肤浅。

不同人生

写作最大的好处是可以体验不同的人生。本来人只有一次人生的机会，只能过一种人生，写作可以让人过多种多样的人生，经历和感受书中人物的人生。他们是自身原欲受阻的产物，是自己无法实现的欲望。

受孕

写作的酝酿过程像十月怀胎，写出来是一朝分娩。而灵感来临就像受孕。

读书

读书时，常用虔敬的心情，但是后来发现有些书不配，有些评价很高的书竟至无法卒读，证明自己已经从学生的位置到达了作者的位置。

守株待兔

写作应当是守株待兔的。先将头脑清空，然后枯坐等待，来了什么就写什么。这样才能保证：一，真切；二，有趣。

灵魂模样

每个人写出来的东西必定只能是他灵魂的模样。他的灵魂小，写出来的就小；他的灵魂大，写出来的就大；他的灵魂有趣，写出来的就好看；他的灵魂无趣，写出来的就沉闷。

文字

一个人的文字就是他灵魂的模样。灵魂是率真的，文字就是真诚的；灵魂是快乐的，文字就是幽默的；灵魂是明快的，文字就是简洁的；灵魂是通透的，文字就是清通的。

游戏

写作像做游戏，灵魂游戏。这是一种自己跟自己做的游戏。其中有大量的快乐，写得顺手了，就像通了关，感觉很爽，微醺之感。

可说

世间可说的话不多，可写的事也不多。多数话都被说过了，多数事也都被写过了。

每天写

本雅明说："每天至少写一点。"还说："永远不要因为你没有什么可写了而停止写作，这是文学荣耀的一条戒律。只有必须遵守的时辰（如进餐、约会）或者在作品完成之时，才可以中止写作。"我也这样想。谨遵此款。

天才与匠人

天才是发现美的人，那美是浑然天成的；匠人是制造美的人，那美是人工雕琢的。

指标

写作将是我余生的游戏。这是一场自己与自己玩儿的游戏。因此它最主要的指标就是好玩儿。

洞窟

写作是我的秘密洞窟，我可以躲在里面自得其乐，躲开嘈杂痛苦的人世。

稀少

世界上有那么多的人写了那么多的书，可是真正值得一读的并不多，真正能够给人带来美和快乐的并不多。

抱负

成就心不可太过，只可尽人事听天命。写作的成就尤其如此。因为没有所谓超水平发挥这回事。用力太过，在别的事情上也许有正面效果，在写作上却是负面的。

写作与生命

当人厌倦了写作，他就厌倦了生命。正如巴塔耶所说，人生最重要的行动就是写作。

间歇期

写作冲动有间歇期。这段时间就享受生活，读书，观影，积攒能量，直到冲动再来。

浩如烟海

每天全世界有多少文字被制造出来，能被人阅读的不过千百万分之一。所以，如果写作不是自娱的，就基本上无意义。出于自娱动机的写作被人阅读的几率应当比出于其他动机的写作还稍大一些，因为它至少已经给一个人带来了快乐。

随心所欲

当写作进入完全随心所欲的境界，那才是真正快乐的。无论我写什么，都有人喜欢有人不喜欢。所以可以想写什么写什么，想怎么写怎么写。

活着

人只要活着，只要还有思绪在飘动，就可以写作。当完全没有兴趣写作和写不出来的时候，恐怕死亡也就不远了。

双重压迫

文学艺术会遇到两种压迫，一种是行政审查力量这只有形的手，一种是市场这只无形的手。前者扼杀独立的思考；后者扼杀独特的美感。搞文学艺术的要对抗这双重压迫。

干尸

在审查尺度趋严之后，文学艺术就像遇到一架强力抽干机，肌体的水分和鲜活成分被渐渐抽干，显出千人一面的干尸面貌。所有的干尸不都长得很像吗?

重生

写作是人生最惊心动魄的行动，是愉悦感最强的行动，是悬疑感最强的行动，人摸索着进入一个未知的领域，不知道会遇到什么，是痛苦还是欢乐，是甜蜜还是苦涩，就像以另一种身份重新生活了一次。

转变

写作有两种状态，一种是自然流淌，一种是精心策划。到目前为止，我只是前者，怀着忐忑的心，看手下流淌出来的文字；今后要转向后者，增加人为因素，因为前者不可永远持续。

实在

愿意实在地写作，实在地爱，因为只有这样，才是实在的生存。

写书与卖书

只管耕耘不问收获才是写作的正确态度，如果着急把书卖出去，就成了商人。作者是写书的人，书商才是卖书的人。

沉浸

沉浸在写作之中的日子是最美好的日子，最有趣的日子，质量最高的日子。希望永远浸淫在这样的生活方式之中，永远不枯竭，永远享用，乐在其中。

奈保尔

奈保尔的极端写实，到了内心的颤动纤毫毕现的程度，极少戏剧性的小说，竟然令人无法释卷，真是意外惊喜。

歧义

写作对于写作者来说歧义最多，有的人以朝圣的心情写；有的人以劳作的心情写；有的人以受苦受难的心情写；有的人以载歌载舞的心情写。人愿意以什么心情写就以什么心情写，这完全是他们自己的事。

评价

对作品的评价是别人的事，写作是自己的事。王小波说，作者与评论者是天敌。此言并不表明他对自己的作品不自信，而是表达作者不必太在意他人评价之意。即使评论者认为一无是处，作者还是可以自我欣赏，自得其乐。

主观

云霞不知道自己的美丽，它只是无辜地呈现。只有观察者、欣赏者才感觉到它的美丽。美因此是主观的。但是，美对人的影响，给人带来的感动，却是实在发生的。

自信

艺术家是自信之人，他相信他的作品来自内心的冲动，必定是独特的，美好的，原创的。人们可以喜欢，可以不喜欢，并不影响作品的价值。

自疑

如果总是自我怀疑，就不可能做出任何创造，因为既然是创造，就是没有人做过的东西。每一个艺术家都是从零开始的。这一点跟科学家很不同，他们不是从零开始，而是从前人达到的高度起步。

喷涌

写作是最有意义的生命活动。觉得没有什么可写时，是生命变迟钝时；写不出时，是生命力枯竭时；能写点什么出来时，是生命尚有活力时；思如泉涌时，是生命力喷涌时。

话语权

能自由说话而且说话有人听，这是一种挺爽的感觉。有种行使话语权的快乐。

惊喜

写作是一个意外惊喜的过程。它首先是从无到有，从完全的虚无中走了出来，渐渐成型；其次是茫然无知，不知道它会向哪里走，不知它最终的模样。这两种情形都令人意外惊喜。

拉稀与便秘

建筑师罗旭称自己的创作状态为拉稀，称等待灵感来临为便秘。非常形象，非常生动的比喻。同感。共鸣。

不顾

人对他人评价可以取不屑一顾的态度。只要忠于自己的内心，只要自己所说的所写的全部来自内心深处。也就是说，一个人能写出什么样的东西仅仅决定于他的内心，他人的评价并不会使他的作品变得更好或更坏。

快乐

对快乐的追求是艺术家最关注的事。其过程是艺术家自己获得快乐；其结果是他人从艺术家的快乐获得快乐。

足够

我的写作很可能在他人看，不是个东西，但是那是我的生命，我的时间，我的痛苦，我的快乐。我早已乐在其中，这就足够了。

幸福

写作就像生命本身，自然地涌流，自然地搏动，无休无止，源源不断，直到生命的终结。每念及此，心中幸福无比。

灵魂模样

人写的东西就是他灵魂的模样，无论是粗犷还是细腻，无论是琐碎还是宏大，无论是痛苦还是快乐，都是他灵魂的模样。

侥幸

人生有些事是侥幸，有些事靠作为。前者如天赋，如文学天赋，绘画天赋，音乐天赋；后者如交友。

自言自语

人其实对他人都没有什么可说的，因为每个人只是在按照自己的想法生活而已，所有的言说其实都是自言自语，是与自己的灵魂的对话。

陶醉

只有陶醉其中的写作才是快乐的，值得的，有效的。如果仅仅是受苦，那就不如去做点别的，或者干脆无所事事。

虚度

最可怕的生活方式就是虚度。当写作进入枯水期的时候，光阴虚掷的感觉是令人最难以容忍的。

宿命

写作是我的生活方式，是巴塔耶意义上的生存。他说，写作是生命最重要的行动。这就是我的宿命。

对话

读书是与世界上曾经存在过的伟大灵魂对话。如果没有这个对话，生命是多么寂寞。

出与入

读书与写作，一个是输入，一个是输出；一个是享受，一个是创造。缺了前者，生活没有目的；缺了后者，生活没有乐趣。

真相与幻象

文学有两类，一类写人生真相，一类写美好幻境。前者往往血淋淋，将人生的丑陋残酷白描到纤毫毕露；后者则美轮美奂，有如梦幻。前者的典型如莫言作品，后者的典型如灰姑娘的故事。

坐等

写作的感觉首先是坐等。静静地端坐，等待灵感来临，就像等待山中之泉的突然涌出，就像等待天上之雨的突然降落。

喜爱

毕加索一生画了37000幅画，潘玉良一生做了4000件作品，他们一定是内心酷爱他们在做的事。就像《红菱艳》里那双红舞鞋，一旦穿上就只能不停地跳舞，至死方休。他们的生命一定是很陶醉的。

上山

小波在谈到为什么要写作时提到，有位登山者被人问到为什么要登山时说：因为山在那里。这就是他的写作动机。在生命的晚期，自然状态肯定是下山，要保持上山的状态，需要自律和加倍的努力。

创造

让一个美丽的东西从无到有就是创造。写作就是这样。爱也是这样。

宿命

无论是写作还是生活，是你的就是你的，不是你的就不是你的。该来的才会来，但是该来的不一定能来。

诗化

写作是将平庸的生活诗化，是将自己的人生诗化。人的生活原本寡淡琐碎平庸，写作是从生活中发掘出戏剧性和诗意。

有话可说

羡慕有话要说的人，说得好坏是另一个问题，只要有说话的冲动就已是幸运儿。所有的诗人小说家都首先是有内心冲动的人。绝大多数人根本无话可说，没有冲动。

深与浅

纯真往往会显得浅，因为不谙世事的孩子都是纯真的，而孩子是浅薄的。但是事物的真相往往是显而易见的，浅显易懂的。让人看不懂的文字和论述往往是远离真相的，因而有故弄玄虚的成分。

真话

说出真话，讲出真相，传播真理，这是一个社会科学学者的责任，也是一个怀抱理想主义关注社会进步的知识分子的责任。

两种话语

世上有两种话语，一种是针对具体事物的，那是一种做过专门研究的人对该事物的具体而微的描述和解释（是什么和为什么），是史学的或者社会学的；另一种是针对抽象问题的，即哲学或宗教的话语。前者是无边无际、数量巨大的；后者却就那么几句，几乎无话可说。

强烈和敏感

灵魂的强烈和敏感是艺术家必备的品质。如果不强烈，不敏感，写出来的东西就只能是平庸之作。

津津乐道

必须处于津津乐道的心境才应当写作，如果自己无精打采，冲动不足，则读者会更加厌倦，味同嚼蜡。

艺术家

艺术家都是对某事迷醉之人。若非如此，他不会对这事有超出常人的感觉，不会有超出常人的表达欲，不会有超出常人的表达。没有超出常人感觉的表达，也就没有艺术。

折磨

当写作冲动离我而去之时，是我不得不停笔之时。只有内心真有冲动的文字才是好文字，别人才会喜欢，自己也才能享受写作过程。否则是折磨别人，折磨自己。

痕迹

每日的写作就是为自己的生命留下一些痕迹。没有写作的日子，就是生命白白逝去杳无痕迹的日子。

书业

纸书业在衰落，电子书业在兴起。写作的人倒不必担心什么，因为人们还是有读书的需求，只要写得好看，是纸书还是电子书又有什么关系呢？

喜悦

创造所带来的喜悦是最强烈的，当人写出一篇小说，画出一幅画，做出一首曲子。看到刘索拉在台上怡然自得的样子，就知道了她的喜悦。当看到胡晓江为我的小说画的插图时就有了双重的喜悦：他的画和我的小说。

聆听

每天凌晨即起，端坐电脑前，清空心灵，聆听内心的声音。常常会响起一个词，一个短语，一个句子。把它写下来。感觉内心的宁静和生命的足音。

归零

《八月：奥色治郡》

年老，疾病，自杀，亲情淡漠，离婚分居，移情别恋，一段纯洁的表兄妹恋情被最终发现其实是同父异母兄妹（父亲外遇）而遭摧毁。这部影片白描了世间的恐怖、冷漠和残忍，简直惨不忍睹，包括斯特里普对老年人的丑陋的逼真演绎，简直达到让人的神经难以忍受的地步。要看毫无遮掩的人生真相，这片子真是登峰造极。

德里罗的《欧米伽点》

一位独居沙漠的官员，一个去探望他的女儿，一位纪录片摄影师，对人生的困惑和弃绝，对存在的思索。头尾是将希区柯克《惊魂记》慢放为 24 小时的一件艺术作品。人的自然观看速度是每秒 24 帧，以每秒 2 帧的速度播放，就成了一个哲学实验，引起各种各样的哲思。

奢侈品

我的研究领域涉及快乐的问题，因此属于奢侈品，人们一般只是把精力放在求温饱上，快乐是奢侈品。

专注

患有阿斯伯格症的人由于专注而被定义为天才。麻省理工学院的教授在课堂上会对一大屋子的数理天才学生这样说话：你们当中没有阿斯伯格症的给我举手。由于比他人专注，才能比他人专精。而这一专注来自内心未知的无法定义的冲动，带有神秘色彩。

仇恨

每当想起"九一一"，总为人类之间的刻骨仇恨而震惊。人群之间为什么会有如此强烈的仇恨，要置之死地而后快。是宗教问题？是利益问题？还是源自人性中绝对的恶？

启蒙

中国仍处于走出传统社会进入现代社会的过程中，所以知识分子做的仍是启蒙工作，在传统逝去人们手足无措的当口，传播现代的观念。有点像14世纪的欧洲文艺复兴。

出类拔萃

世上多是平庸怪诞面目不清之人，出类拔萃之辈只是少数。

大脑保健操

科学家发现，性高潮时大脑全面启动，活跃，因此它是大脑的保健操。既然如此，就应多做此事。身心愉悦，登峰造极，何乐不为？人为什么要对人类这一保健活动泼那么多污水？

好为人师

人总是稍微懂得点什么，就好为人师。我却从来不愿为人师，只是像小学生一样看事情，想事情，做事情，用归零的心去认真地体会，这事我能不能懂，能不能喜欢。懂就说懂，不懂就说不懂。喜欢就说喜欢，不喜欢就说不喜欢。

浅显易懂

我的一切都浅显易懂，无论我的写作，我的研究，我的为人，均如此。因为世间的一切在我眼中就是这样浅显易懂的。

热爱生命

无神论者更加热爱现世的生命，所以无神论国家很少发动战争，知道人死后并无来世。许多战争是为宗教原因发动的，因为不珍惜此生，寄希望于来生。

不能说

一个社会，只要还有不能说出的真相，就存在该被揭秘的隐患，就表明有被掩盖的错误。

现世

中国文化只关心现世，不关心来世，因为多数人不信死后灵魂的存续。精神生活因此显得贫乏。但是，精神生活不一定只在死后灵魂中，可以在现世灵魂中，那就是对爱与美的追求和享用。

火

大火会很快燃尽所有的原料，最终熄灭；小火才能持久。要炖出一锅香醇美味的汤，只能用文火。

流行

流行与俗是同义语。看了现在流行的电影，感觉俗不可耐，一点小挫折，大量眼泪，大团圆的结尾，还要找到金子（《小时代》最后找到金子的情节极具象征意义）。而可悲的是，这样的俗气的东西是最吸金的。

市场与艺术

市场就像一个敏感的厨师，人想吃什么，他就喂什么，随手拈来，毫不费心。

潜水

对待世事采潜水态度，就像潜水一词在网络中的用法。只是观察，并不评论。因为越来越觉得评论无用。只是过自己想过的生活，自说自话。

洞察

对世事的洞察需要履历，需要沉静的内心，需要理论的参照。

自由奔放

尽管完全没有压抑的社会是不可能的，但是压抑最小化、自由最大化的社会不仅是可能的，而且应当成为社会改良的目标。理想的社会是所有人欲望的自由奔放。

权威

要成为某一领域的权威，就要对该领域有研究。要了解该领域的事实和理论，在讲话时才能切中要害。

真相

只要有事实真相不敢示人，必定有做错的事情不肯承认。可是不承认事实真相对于历史评价一点用处也没有，除了让人们看到自己缺乏道德勇气之外，完全于事无补。原因仅仅在于，这是一个信息爆炸的时代，所有的真相只要想知道，就一定能够知道。凡是不知道的，都是不想知道的。要让所有人都不想知道真相，是任何权力都无法做到的大工程。既然做不到，不如不做。

弄潮

做弄潮儿，身上就难免被打湿，要与激浪搏斗，要冒被淹死的危险。看所有那些左派右派，全都有人盛赞，有人怒骂。这对于弄潮的冲动是一个很有效的压制。

浪费

看一本不好的书，看一部不好的电影，是浪费生命。

无为

政治家是有为之人，学者是无为之人。前者行动，后者思考。

书

世界上的好书并不多，许多书淡而无味，令人难以卒读。

脱俗

自由的人不受习俗的束缚，虽然并非刻意为之，却往往挑战习俗。

荒漠化

意识形态的管制造成精神的荒漠化。人竟然到了这种地步：只要说一句日常用语、人话，就好像做了一件了不起的事，仅仅因为挑战了管制。而真正的精神之花并不是无聊琐碎的日常生活。

政治

在一个普通人不得不关心政治的时代，是政治上出了问题的时代；在一个普通人不必关心政治的时代，是政治上没什么大问题的时代。

检举

提倡公民间就非刑事犯罪类行为和言论的检举揭发是败坏社会风气,因为如果被检举揭发的问题并不是刑事犯罪,只是不同的观点或言论,那么一方面会造成文字狱氛围,另一方面会造成揭发者的心理困境,败坏其人品道德。

万马齐喑

生活在一个万马齐喑的时代感觉很奇特,仿佛来到了无人之境,来到了荒蛮的狂野,四处只有风声和昆虫无意义的鸣叫,人有点郁郁寡欢,茫然若失。

存异

一个社会只有一种声音是很危险的,在每个重大问题上,都应当可以听到不同的声音。人们的意见不一致是正常的,意见完全一致是反常的,因为那必定是非主流的声音受到了压制。

看戏

剧场观众席是一个惬意的位置,看台上上演悲欢离合的戏剧,演员相斗相残,自己毫发无损。或许因顾及个人安危,显得有些自私懦弱。对英雄人物感到敬佩,对自我感到内疚。

政治与生活

除了政治之外,人们还有日常的生活。即使在政治出了大问题的时代，也可不参与。决定因素是：有没有参与的身份；有没有参与的能力；有没有参与的兴趣。只有极少数人能够参与，他们是历史人物。

置身事外

无论有多么激烈的斗争，都可以置身事外。那些深陷其中的人，有的是主动投入，有的是被动卷入，有的动机高尚，有的动机卑劣，有的是英雄，有的是弄潮儿，有的是庸人，有的是罪人。他们都是演员，在出演一台大戏，戏的名字叫作历史。而多数人只是台下的观众而已。

英雄

如果生来不是做英雄的材料，就应当尽量做观众，否则很可能沦为害人者或者被害者。

彻底

需要对所有问题的彻底思考，完全不受任何意识形态框架限制的彻底无畏的思考。

平淡

每个人的生活都是平淡的，那些不那么平淡的人，历史评价总是毁誉参半，例如斯大林。

无趣

进入一个无趣的时代。有趣的思想哲学、文学艺术成为稀有之物。

冷眼

热心的关注与冷眼的观察并不矛盾。每个人都有自己参与社会生活的方式，有的人用流血牺牲的方式，有的人用冷静分析的方式。除非是完全出世的态度，完全出世之人。

常识

社会最需要的往往就是常识，而不是各种深奥的理论和预言。把社会搞乱的往往是违背常识；让社会恢复健康秩序的往往也只是遵循常识。因此，凡是真知灼见都是接近常识的，也是最容易被人轻视的，评价较低的。

可怜

在信息爆炸的时代，言论自由是无法遏制的，任何限制信息流通的想法和做法不但是无效的，而且暴露出限制者的可怜处境。

远离政治

在一个传统社会，政治是血腥的，如果不想当政治家，专门搞政治，就应远离。在现代社会，政治成了社会生活的一部分，人就不必刻意躲开政治了。

现代化

一个社会实现现代化的标志是社会中人可以不问政治，过自己的生活。传统社会（前现代社会）的人们没有做这种选择的可能性。他们只能做赞成派或反对派，不能不二择一，只过自己的生活。

区别

现代社会每个人都是经济人，工作，挣钱，养活自己；前现代社会每个人都是政治人，斗争，站队，选择一边，不能享有一个超脱的生活模式。

自杀事件

最近，一个意大利女人因做爱视频被传上网不堪骚扰而自杀。这件事有三重意义：从表面看是网络暴力问题；深入看是男女双重标准问题；最深处是反性禁欲的态度。

人工之美与自然之美

无论人工之美如何登峰造极，还是不能与自然之美相比。人工之美毕竟有雕琢痕迹，自然之美却浑然天成。

西班牙内战

当年许多理想主义者去西班牙参战，但被现实中的混乱、残酷、血污搞得心中矛盾重重，乔治·奥威尔对此有记录和描述。理想的状态不是战争而是和平，不是斗争而是沟通，不是恨而是爱。

超然物外

人能够到达超然物外的境界固然好，但是前提是国泰民安。如果处在外族入侵的年代，人想超然物外显得不够爱国；如果处在人民水深火热的年代，人想超然物外则显得自私冷漠。希望能赶上能够安心让自己超然物外的时代。

怀疑主义

对于持怀疑主义的人来说，没有任何事物是神圣的，不可讨论的，不可置疑的。一切都应当承受人类的思考和怀疑，以确定其价值。

独立思想

独立的思想在完美独裁社会是一个奢侈品。这个社会的特点是每个人都可以得到生活必需品，社会也以此为基本目标。独立的思想除了被视为奢侈品之外，还会被视为与必需品对立的东西。（难道真是对立的吗？）

言论

一个社会如果钳制言论，那就是怯懦的，不敢直面事实的真相。如果有一个真相是不能说出的，那么它就是社会秩序的一颗定时炸弹。

练达

中国文化中遗留下来的智慧，大多处理现世的人情世故，少有抽象哲思。一个最有中国味道的人，是一个人情练达的人，是一个脚踏实地的人，很少仰望星空，很少抽象思维。

形式与内容

人们往往看重形式，忽视内容。我宁愿有其实而无其名。形式往往成为拘束，而有些性质无法确切定性，无以名之。对于这样的内容，形式就常常文不对题，由于总想强行归类命名，反而伤害了内容。

历史

历史是没有眼睛的，它是一团混沌的力，左冲右突，翻滚向前，每个人都被裹挟其中，每个人都只是盲人摸象。

蠕动

常常想象人类社会像一团没有形状的软体动物在无目的地蠕动，每个人都在其中左冲右突，而他们的合力不知会让这团物质走向哪里。一切力量都对这团物质无能为力，只能走到哪里算哪里。

合力

看到对世事的各种议论越多，就越懂得社会的发展是各种力量的合力。还是平行四边形原理。左派很激烈，右派也很激烈；

向左的力量很强劲，向右的力量也很强劲。这就是社会现状。社会最终会依据平行四边形原理走向一个左与右之间的方向。

无话可说

人对于世间一切，多数时间处于无话可说的状态。因为世上所发生的一切均为千百种力量的合力造成，无处置喙。说了等于没说，不如索性不说。

无言

活得时间越久，人会变得越沉默。因为听到的各种观点越多，越觉得无言。

人与政治

人与政治的关系就像蚂蚁与天相的关系。天有不测风云，除了春夏秋冬这样的大的季节变换有些规律，其他由众多偶然因素导致，人力对它基本无能为力。

互联网

互联网是改变人类生活的一个奇迹，它打破了出世与入世的界限，打破了隐居与社会参与的界限，一劳永逸地解决了人类孤独的问题。

虚拟

互联网的出现有一个意想不到的好处：它把实在的关系变

为虚拟，把虚拟的关系变为实在，模糊了二者之间的界限，使人变得更加自由。

惭愧

面对真正有勇气牺牲自己的斗士，有良心的人都会感到些微惭愧，因为自己的贪图安逸、缺乏勇气和缺少牺牲精神。

救世主

每个人都按照自己喜欢的方式生活，走向自己认为正确的方向。没有人真正能够拯救所有的人。

重复

人总是害怕重复，想经历变化，可生活就是一日复一日的重复，变化很少发生。像中国人这样在一生时间经历如此巨大社会生活变迁的情况是极为罕见的。

刍狗

天地不仁，以万物为刍狗。在一个可以为人不为刍狗的年代，人人暗自庆幸，苟且偷生。

神秘

只要怀着真诚去看，就没有什么是神秘难解的。当然，有些事情不是那么直观，例如关于另一个空间的存在，可以相信科学的观察，不应拒绝一切科学观察的结果。

感动

自然的美景总是令人感动，细思原因，可能在于它对自己的美浑然不觉。

清晨

清晨，海平面上初升的太阳把房间的一面墙染成耀眼的橘红色，令人感动不已。这是大自然浑然不自觉制造出来的美。

图书在版编目（CIP）数据

在世界的枝头短暂停留／李银河著. ——北京：北
京十月文艺出版社，2020.7
ISBN 978-7-5302-2045-0

Ⅰ. ①在… Ⅱ. ①李… Ⅲ. ①格言－汇编－中国－现
代 Ⅳ. ① H136.33

中国版本图书馆 CIP 数据核字（2020）第 078653 号

在世界的枝头短暂停留
ZAI SHIJIE DE ZHITOU DUANZAN TINGLIU
李银河 著

出　　版　北 京 出 版 集 团
　　　　　北京十月文艺出版社
地　　址　北京北三环中路 6 号
邮　　编　100120
网　　址　www.bph.com.cn
发　　行　新经典发行有限公司
　　　　　电话（010）68423599
经　　销　新华书店
印　　刷　山东韵杰文化科技有限公司
版　　次　2020 年 7 月第 1 版
　　　　　2020 年 7 月第 1 次印刷
开　　本　850 毫米 ×1168 毫米　1/32
印　　张　10
字　　数　118 千字
书　　号　ISBN 978-7-5302-2045-0
定　　价　49.00 元
质量监督电话　010-58572393
如有印装质量问题，由本社负责调换。